सफ़ेद स(T)खी

सफ़ेद स(T)खी

मनीष पुष्कले के साथ पीयूष दईया
की बातचीत

वाणी प्रकाशन

वाणी प्रकाशन

4695, 21-ए, दरियागंज, नयी दिल्ली 110 002

शाखा

अशोक राजपथ, पटना 800 004

फ़ोन: +91 11 23273167 *फ़ैक्स:* +91 11 23275710

www.vaniprakashan.in
vaniprakashan@gmail.com

SAFED SAAKHI
by Piyush Daiya/Manish Pushkale

ISBN : 978-93-5000-777-8
Conversations

प्रथम संस्करण

मूल्य : ₹ 295

हिमांशु प्रिंटर्स, दिल्ली-110 053 में मुद्रित

वाणी प्रकाशन का लोगो मक़बूल फ़िदा हुसेन की कूची से

वत्सल निर्मल, गजेन्द्र, संदीप
के लिए

अनुक्रम

अनुक्रम

स(T)खी
का
सफ़ेद

कृष्ण बलदेव वैद

इस सादा सुन्दर सार्थक किताब के आकर्षण का एक उत्स इसमें रची भाषा और भाव की आपसी प्रणय–लीला में है जो किसी किताबी सौन्दर्यशास्त्र या विचारधारा या मठ या मिथक से नहीं बल्कि एक होनहार और प्रतिभायुक्त युवा कलाकार मनीष पुष्कले के मन और मनन से ही प्रेरित हुई दिखायी देती है और जिसके मनचले अन्दाज़ और लीलाधरीय आवाज़ में शोख़ी का शरारा और संगीत का मौन देखा–सुना जा सकता है।

इस अनूठे प्रयास को 'मनीष पुष्कले के साथ पीयूष दईया की बातचीत' का उपशीर्षक दिया गया है। इस 'बातचीत' में बात तो है, 'चीत' नहीं, मनीष पुष्कले तो हैं, पीयूष दईया नहीं। बातचीत का यह रूप विरल है, जिस से भी इस किताब को एक विशिष्ट प्रभाव प्राप्त होता है——अनुपस्थिति और उपस्थिति का असामान्य संवाद, मौन और मुखरता का युगलगान, कवि और कलाकार की युगलबन्दी, जिसे सुनते हुए मेरे मन में बार बार यह ख़याल, मौज मारता रहा कि अगर इन दोनों ने इस 'बातचीत' को सवाल–जवाब के रूढ़ खाँचे में क़ैद कर पेश कर दिया होता तो वह बात न बनती जो बन पायी है, तो यह भी बीसियों कमोबेश थके हारे साक्षात्कारों की तरह बीच में ही कहीं दम तोड़ या फुला कर बैठ गयी होती, तो इसमें वह ताज़गी और तेवर न आ पाते जो आ गये हैं और जिनकी बदौलत यह एक सजग सौम्य आत्मसाक्षात्कार का स्वर पा गयी है। कहना चाहता हूँ कि पीयूष ने अपनी अनुपस्थित उपस्थिति से मनीष को अपनी उपस्थिति अनुपस्थिति रचने का अवकाश दिया है——कवि ने अपने मौन से कलाकार को मुखर कर दिया है।

मनीष ने पिछले पाँच सात वर्षों में ही आधुनिक भारतीय चित्रकला में अपनी लगन और अपने काम से एक चमत्कारी मुक़ाम प्रस्थापित कर दिखाया है। उनके रंगों की डूबाऊ गहराई, उनके अमूर्तन का अध्यात्म, उनकी परिपक्वता की गति और प्रगति, उनके लालित्य की लीला, उनकी नज़र की शिद्दत——उनके ये गुण सराहनीय हैं, लेकिन वे अपने काम और काम करने के अमल के बारे में ऐसी तरोताज़ा

आवाज़ और तराशी हुई भाषा में बोल भी सकते हैं, यह देख कर सुखद विस्मय हुआ, क्योंकि बहुत से सिद्ध कलाकार भी अपने काम के बारे में कुछ भी कहते समय अक्सर उबाऊ और आमियाना हो जाते हैं या फिर अतिमार्मिक या फिर एकदम गुंजमुंज। मनीष रोचक भी रहते हैं, मौलिक और मुखर भी। उनकी इस दक्षता का राज़ उनके साहित्यानुराग में तो है ही, उनके खरेपन में भी है जिसमें न ओछी नुमाइश है और न नक़ली विनम्रता, जिसमें वज़न भी है और खिलवाड़ी दृष्टि भी, और जो स्मरणीय सूत्रों और सुभाषितों में सहज ही अभिव्यक्त होता रहता है :

> कैनवस दिगम्बरा है, चारों तरफ़ से खुली हुई——सफ़ेद, शान्त, पवित्र।
>
> ---
>
> भेद अभेद, अभेद्य सफ़ेद।
>
> ---
>
> रंग अदृश्य को ओढ़ने के लिए चादर जैसा है।
>
> ---
>
> देखना मर्म में आना है——नूर में।
>
> ---
>
> मान लो डूबा तो शैली, उबरा तो शील।
>
> ---

क्या दिगम्बरत्व, शृँगार की एक अवस्था है जैसे शृँगार दिगम्बरत्व की?

कैनवस के सफ़ेद का पिण्डदान उसके प्रतिक्रमण में है।

अभाव का अपना प्रभाव है।

मेरे लिए रेखांकन आसन्न चित्रों को पत्र लिखने जैसा है।

मेरे लिए (रेखा,) राधा का रंग है।

मेरे चित्र होने के चित्र नहीं, न होने के हैं।

वाल्टर बेन्जामिन यूँ ही नहीं, एक पूरी पुस्तक उद्धरणों के आधार पर ही 'लिख' जाने का अरमान दिल में लिये चल दिये। अगर मैं दुःसाहसी होता तो इस लघु भूमिका में उद्धरणों के सिवा कुछ न देता।

मनीष अपनी बात बिठाने के लिए यहाँ कुछ कहानियाँ भी सुनाते हैं। एक कहानी एक उस्ताद, गायतोण्डे, के बारे में भी है और वह सब से ज़्यादा छूती है क्योंकि इस बड़े उस्ताद से मनीष ने उनके जाने से पहले और बाद सीखा और सोखा तो बहुत लेकिन उनके दर्शन उन्हें उनकी मृत्यु के बाद 'मोक्षधाम' में ही नसीब हुए :

> मैं गायतोण्डे की देह पर नज़र टिकाये खड़ा था। फटी आँखों से उन्हें देख रहा था कि कुछ अनदेखा न रह जाये। मैंने प्रणाम किया, उनके पैर छुए। मेरे जीवन का पहला और अन्तिम गायतोण्डे स्पर्श। अन्तिम प्रणाम।

सफ़ेद

स(I)खी

चित्रकूट

कैनवस दिगम्बरा है, चारों तरफ़ से खुली हुई—सफ़ेद, शान्त, पवित्र। उसकी न स्मृति है न इतिहास। न साखी है न विचार। न वह आकार में आती है न अनाकार में। वह कोरी कैनवस है, उसमें किसी भी दिशा से, किसी भी दशा में दाख़िल हुआ जा सकता है। कभी उसका सफ़ेद, तप के लिए बैठे हुए मुनि मानिन्द लगता है, कभी वैकुण्ठीय। कभी वह भूगर्भ में खोई भवभूत काया है, कभी आसमानी क्षेत्र–विदेह। कभी विधुरा वस्त्र सी, कभी काफ़िर कफ़न सी। कभी विरल, कभी अक्षत : विमोहिनी है। न विग्रह से न निरवयव से। न रीति से न (वि)रति से! वह निराली है

अजान। नज़र की पहनाई से आज़ाद। उस में सरस बिराग जगता महसूस होता है, मैं अभिरूप सम्मुख ठगा–सा खड़ा रहता हूँ––देर तक अपने भीतर समोता हुआ। भान होता है कैनवस में चित्र पहले ही मौजूद है, रूपाभास भर हटा देना है।

वह मेरे संसर्ग से ही स्पन्दित होती है, उसकी सारी सम्भावनाएँ भी।

कैनवस एक भूल–भुलैया में दाख़िल होने का दरवाज़ा है, उसके निष्क्रमण का भी। मैं चित्रोद्भव की सम्भावनाएँ टटोलता हूँ कि कैनवस के जमे–थमे सफ़ेद को छेड़ सकूँ। असल में ख़ाली कैनवस का दायें–बायें या ऊपर–नीचे नहीं होता। बन रहा चित्र स्वयं निर्णीति में आता है कि उसका नखशिख क्या हो।

आख़िर निर्विकार सफ़ेद में क्या है?

कैनवस का सफ़ेद सब हो जाने का मौक़ा देता है। यह रहस्यमय है। लगता है मेरे चित्र सफ़ेद का ही निखिल विस्तार हैं। कई बार चित्र पूरा बनते न बनते वापस सफ़ेद पर आ जाता हूँ, पूरा विचर कर। मानो चित्र–उत्खनन के उपरान्त उसे पूर, पहले की तरह कर देना चाहता होऊँ। यह एक चक्र पूरा होने सरीखा है। कुछ झीने संकेत मिलते हैं।

जैसे, यहाँ से कभी गुज़रा था : निर्विकार सफ़ेद की निर्गुणी स्मृति। क्या यह (अन) जाना सफ़ेद है? क्या मैं स्वयं ही साखी हूँ? कैनवस के सफ़ेद से, सफ़ेद तक लौटना चाहना सफ़र का रूप बन छूट जाता है। हो सकता है भविष्य में कुछ चित्र बन सकें, दोशीज़ा सफ़ेद। सम्भावना सम्मोहक है।

क्या मेरा हर चित्र *शुक्र* से *शुभ्र* तक के बीच की ही यात्रा है? चित्र घटता है पर हमेशा नहीं। शून्य से शून्य, रहस्य में रहस्य। चित्राविर्भाव छूटता–बिखरता–सँभलता है। चित्र छूता है। वह क्या है? सम्पूर्ण चित्र या उसका पूर्वाभास?

चित्रकूट गूढ़ है, होने का रहस्य गहरा देता है।

कैनवस के सफ़ेदाध्याय में सब अनिश्चित है।

मेरे लिए रंगानुभूति संकेन्द्रस है––संयोग से संयोजन तक। मैं सोचता हूँ लाल रंग लगाऊँ, लेकिन नीला लग जाय तो मुझे तकलीफ़ नहीं होती। रंगावरण की महत्ता है, रंग–वरण की नहीं। चित्र मेरी पहुँच से एक साँस आगे है। मैं सिर्फ़ बन रहे चित्र का पीछा करता हूँ––एक सारंगी की तरह। राग की रस–निष्पत्ति, सारंगी में निनादित होती है। रस, सारंगी और राग के अन्तराल को पूरता चलता है। यह सुन्दर संगम है। रहस्य है।

चित्र और मेरी दूरी में एक साँस का यह अन्तर्संयोग क्या मेरी *गति* से आगे है?––वह बहुल मायनों को जिलाये रखता है। एक चित्र के मायने हर बार बदल सकते हैं। हर बार चित्र में छिपे नये (वि)चित्र तक पहुँच सकते हैं।

अपने दर्शन तक।

कैनवस के सम्मुख प्रश्न यूँ है मानो सफ़ेदाकाश सृष्टि का व्योम हो––एक कौमार्य झिल्ली, पवित्राभा, बोध : रहस्य की पहली यवनिका। अदृश्य में दाख़िल होने का न्यौता : सफ़ेद : दृश्य का अन्तर्धान गल्प।

भेद अभेद, अभेद्य सफ़ेद।

कैनवस स्वयं अतिप्रश्न भाँति है।

अनन्तिम।

....

वह क्या है जो मैं कैनवस में रचता हूँ? क्यों मैं उसके स्वप्रतिष्ठ सफ़ेद को देखते ही उसे वैसा अछूता नहीं रहने देना चाहता?

....

सफ़ेदचर्या कठिन है, आसान नहीं। यह प्रक्रिया अज्ञात का सन्धान है, ज्ञात का मर्दन नहीं। जब नेत्र अवग्रह लेते हैं, (अ)दीठ (में) यामा उतर आती है——कैनवस की श्वेताम्बरी में——

मैं उसका क़ातिल हूँ, वह मेरी मौत

चित्रकूट

विदेह

चित्र–जिज्ञासा मेरे आभ्यन्तर में उतरने लगती है : दृष्टि–आह्वान से, अशरीरी चित्राधान से। यह देखने में प्रतीति है : मैं कैनवस में पैठ रहा हूँ, उसे ध्वनित करता। मानो कोरे कैनवस के समक्ष स्वयं चित्र अँखुआ रहा हो : साकार को लील लेती लीला।

नज़र कैनवस के सफ़ेदावकाश में भटकती है––यह ऐसा है, जैसे अन्तरिक्ष। ओर–छोर रहित। मैं इस अन्तःसंघर्ष में रहता हूँ कि इसमें कहाँ से दाख़िल हो सकता हूँ। क्या यह सफ़ेदान्तरिक्ष में उन सम्भावनाओं को टटोलना है जिससे कि चित्रावकाश स्थापित हो सके?

चित्र से संस्पर्शी संसर्ग होता है।

कोरे कैनवस पर यूँ नज़र गढ़ाये खड़ा रहता हूँ जैसे उसमें बहती चित्र–नाभि को छूना हो, शक्य पाना हो। पर नज़र कहीं टिक नहीं पाती। ज्यों ही बहती चित्र–नाभि दिखती है, त्यों ही वह एक शंकु की तरह काम आने लगती है : पहला माया चरण : चित्र–नाभि पाना कैनवस के सफ़ेदावकाश का जाग्रत होना है।

क्या वह शक्य मेरे मानसावकाश में है जिसे मैं अपने ही भास से कैनवस के सफ़ेदान्तरिक्ष में नज़र टिकाने के लिए रचता हूँ जबकि वह एक शंकु की तरह कल्पित है?

मैं कुछ भी नहीं देख रहा होता हूँ, मैं बहुत कुछ देख रहा होता हूँ।

असीम का विराम नहीं जैसे आसमान का। रिक्त आसमान में दीठ कहीं ठहर नहीं पाती। आसमान में चाँद या तारे शंकु भाँति प्रतीत होने लगते हैं। रिक्त आसमान का अनन्त अलग अवस्था है। आसमान में दीठ का विराम समझ नहीं आता।

ऐसे मैं कैनवस की कल्पना में आता हूँ––

चित्र–नाभि को पहले–पहल पहचानना खुलने लगता है। सोचती आँख

अनुभूत कर रही उँगलियों को जगाने लगती है। आभ्यन्तर में सुगबुगाहट है।

हाँ, अब कैनवस में जीव है, खिलना शुरू होते स्पन्दन। मैं कैनवस की तरफ़ चित्र बनाने के लिए बढ़ता हूँ–उसमें कल्पित शंकु है। शंकु का नज़र आना ही नज़राघात है, चित्रारम्भ। यह अजब मसला है––चित्रारम्भ उसकी माया से है।

अब कैनवस रिक्त नहीं है।

अकृत चित्र का कल्पित शंकु माया है। यह मेरी सीमान्त का केन्द्र है। मेरी यायावरी माया की प्रदक्षिणा में है। माया संकेन्द्रस है। यह कैनवस के सफ़ेद में प्रभव की सम्भावना देती है, उसके प्रभेद को देखने की भी। इस कल्पित से पहले तक ऐसा रहता है जैसे किनारे खड़ा होकर सोच रहा हूँ कि पार कैसे पाऊँ। कल्पित सफ़ेद में उतरने के साहस का प्रतीक है। प्रज्ञा परिसर में आना है। कल्पित स्थापित होना पहला प्रस्थान है––

यह मान्यता की तरह है।

कैनवसावकाश माया/शंकु के विचलन से निनादित होने लगता है। मायावी शंकु भिन्न भेस धरता जाता है। मैं ज्यों–ज्यों उसे छूता हूँ त्यों–त्यों वह रूप लेता चलता है। कभी रंगावरण में, कभी गढ़त में, कभी प्रकाश–अन्धकार की झिलमिल में। कभी उसमें नवग्रह नज़र आते हैं, कभी लेश्या का रूप। कभी वहाँ वीरान वैभव दिखता है, कभी सफ़ेद पिण्ड।

हर बार माया का अवकाश के साथ अलग सम्बन्ध बनता जाता है।

वह क्या है जो इसमें बारम्बार नये सिरे से विन्यस्त होता है? यात्रा, अवकाश में विहार देती है। रूपाकार की परिक्रमा पूरी होती है : गोत्रहीन परिक्रमा।

माया के खेल अहर्निश हैं।

जब तक अवकाश असीम अनन्त की भाँति है तब तक यात्रा के ठौर का कुछ अन्दाज़ नहीं। मैं हर बार रूपायित सतहावकाश को लीप देना चाहता हूँ, लीपना गोया चित्रानन्द टटोलना है। लीपना/पूरना मतलब एक रंग–परत। लीपने में कभी कुछ छूट जाता है, कभी कुछ अनायास रच जाता है। यह लगभग वैसा ही है जैसे दीवाल या भूमि को लीपते हुए, लीपने की प्रक्रिया में छाप का स्वतः उभर आना। रंग बरतने में

कुछेक रूपाकार आते–जाते हैं, सतहावकाश को नवोन्मेष देते हैं।

सतहावकाश लीपना माया के लिए गोचर देना है। वह उसी से रूप पाती है। साफ़ दीख पड़ता है·––रंग कहाँ पसरा है, कहाँ बिसरा है। रंग अदृश्य को ओढ़ने के लिए चादर जैसा है। अन्दर कुछ न दिखे, लेकिन चादर दिखती है। (शंकु–)माया दृश्य पर छलती है, बढ़त का मौक़ा मिलता है। चित्र बढ़ता है : प्रत्येकान्तर में निरन्तर। लीपना, माया का लुकाछिपी में आना है।

वह निर्गुणी है, सगुणी भी।

मैं कल्पना कर रहा हूँ, मायाविनी––

पिछली रंग–परत के कुछ हिस्से हटाता हूँ, नयी रंग–परत लगाता हूँ। आकार–आला बनाता हूँ, मानो वह मायालय हो––रंग का फटा हुआ चीथड़ा : वह प्रकाशमय रूप बन जाता है––

जागी जोगिनी अरूप–लग्न (निराला)

यह अवकाश में विचरना है।

झीने आवरण–से रच जाते हैं––रंगावरण। हर रंग–परत पर माया अपना स्थाप छोड़ती चलती है। यूँ अवस्थान्तरों के मिलान से माया चित्र–गोचर पर विभ्रम साकार लगती है। माया का रूप लेना ऐसी अवस्था पा लेना है जहाँ वह अदृश्य नहीं है।

यही कोरी कैनवस के चित्रावकाश का उजागर होना है।

यह एक तरह का उत्खनन भी है। उत्खनन–यात्रा, रूपायित है। आभासी रूपायन चित्र–फलक से ही उत्खनित है––रचना–प्रक्रिया के दृश्यादृश्य से। यह विचित्र प्रक्रिया है : इस में किसी भूली खोई विगत काया नहीं खोजनी है बल्कि इस उत्खनन से आगत है, और उसका चिलका पड़ने लगता है जो अनागत है। ऐसे वहाँ रूपाकार बनता जाता है। असल में, रंग–सन्दर्भ में वह रोशनाकार है :

> होना पृथ्वी, न होना आकाश (अशोक वाजपेयी)

मेरे लिए चित्र में रंग–परतों के भिन्न सन्दर्भ में भिन्न मायने हैं। माया रूपाकारों के साथ आखेट करती है, उन्हीं से अपना भेस–भेद पाती है। दृश्य, अदृश्य से बना है; रूप–भेद गहराता है।

कैनवस पर लौटूँ——

मैं उस पर रंग लगाता हूँ। एक चीथड़े की सहायता से उस रंग को हटाता हूँ। यूँ कैनवस की उस सतह पर पहुँच जाता हूँ जहाँ से शुरू किया था। लेकिन कैनवस की सतह वही नहीं रहती, वह तह में बदल जाती है, तल में भी। मैं रंग को चीथड़े से जितना निर्मूल करता हूँ उतना ही रूपाकार बढ़त पाते हैं। रंग–विलोप से उभरने वाले आकार एक तरह से 'चिह्नाकार' हैं जैसे आकार आकर चले गये। पीछे छूटे चिह्न देखकर स्मृति जागती है : आकार निवृत्ति से भी बनते हैं। सिलसिला जारी रहता है। ऐसे यह एक रंगावरण का दूसरे रंगावरण में छुपना है, दूसरे का तीसरे रंगावरण पर खिलना भी। जबकि दिख रहे आकार वे स्थल हैं जो अपने से रूप पा लेते हैं। वे चित्र–फलक से स्वतः ही निःसृत हैं——क्या वे आकार अप्रत्यक्ष का साकार हैं? अपने घटित में उड़ान में पक्षी के पदचिह्न जैसे हैं——शून्य में से शून्य।

हर परत मानो परिकथा।

इस परत प्रक्रिया के कारण अन्ततः एक तरह का आय(तन) रूपाकारों में प्रतीत होता है। यह आयतन की रूढ़िगत पहचान से परे दूसरी पहचान है : रूप, इस रूप में दिखता है। कुछ दर्शक चित्र के पास अपनी नाक सटाकर खड़े हो जाते हैं, उन्हें चित्र में रूपाकार तैरते या विचरते हुए दिखते हैं। उन्हें लगता है कि इनके पीछे कुछ है, जो वे नहीं देख पा

रहे हैं––वे चित्र के पास आकर उनमें झाँकने की कोशिश करते हैं। वह जो बनता है, लेकिन दृश्यमान नहीं है, मेरे चित्र में केन्द्रीय है। जब दिख जाता है, मैं चित्र पूरना छोड़ देता हूँ जैसे ''पूरा'' हुआ अदृश्य।

चित्र–सतह कभी श्वेतावस्था की ओर से श्यामावस्था की ओर जाने लगती है, कभी श्यामावस्था से श्वेतावस्था की ओर। क्रमशः दोनों परस्पर सम पर आ जाते हैं : माया लोमहर्षक है : श्वेताम्बरी श्यामला से आलोकित हो रही होती है, श्यामला, श्वेताम्बरी से। यूँ चित्र अरंग का ही नहीं अरूप का भी रूपक रच लेता है : उजाले का आला।

क्या यह उत्स का ही आलोक नहीं है? न उत्स का रूप है न आलोक का। चित्रानुभव है, पर परिभाषित नहीं। (देखना) एक अवस्था है। मान लीजिए फूल है। जब तक फूल को किन्हीं संज्ञाओं से समझा जा रहा है तब तक असल में उस के मर्म तक नहीं पहुँचा जा सकता। देखना, मर्म में आना है––नूर में।

चित्र, विदेह है।

विदेह

भास

कहानी चलती है।

एक टीला था। टीले पर एक ग्वाले की एक गाय हर रोज़ आती और वहाँ अपना सारा दूध गिरा जाती। ग्वाला हैरान–परेशान रहता कि गाय का दूध कहाँ ग़ायब हो जाता है। एक दिन ग्वाले ने गाय का पीछा किया। उसने देखा, टीले पर पहुँचते ही गाय के थनों से दूध अपने से झरने लगा है। ग्वाले ने पूरा टीला देखा–छाना पर कुछ समझ नहीं सका। थक कर उसी टीले पर सो गया। उसे

स्वप्न आया कि जिस टीले पर वह सो रहा है उसके नीचे एक अतिशयकारी मूर्ति है। उसे संकेत मिला कि मूर्ति निकालने के लिए उसे टीले की खुदाई करनी चाहिए। नींद खुलने पर ग्वाले ने खुदाई की। एक मूर्ति निकल आई। विशालकाय पाषाण–मूर्ति। पद्मासन धारे। तभी यक्ष प्रगट हुए। उन्होंने ग्वाले को बताया और कहा अमुक जगह तक मूर्ति उठा कर ले जाओ। बस, पलट के मत देखना। ग्वाला बोला, उठाऊँ कैसे, यह बहुत भारी है। यक्ष बोले, सामने देखते हुए उठाओ, उठ जायेगी। ग्वाले ने मूर्ति उठाई और चल दिया। उसे लगा पीछे कोई और भी है जो मूर्ति उठाने में हाथ लगाए हुए है। वह खुद को रोक नहीं सका। उसने पलट कर देख ही लिया। वह पलटा क्या कि मूर्ति वहीं स्थिर हो गई। उस दिन से आज तक मूर्ति को वहाँ से कोई हिला नहीं पाया। वहाँ मन्दिर बना। यह मन्दिर ग्राम कुण्डलपुर में है, एक पहाड़ी ऊपर।

क्या कलाकार के लिए पलट के देखना ज़रूरी नहीं है? यक्ष कह रहा है पलटना वर्जित है। (पर) संशय से प्रतिपद है : चित्र गल्प बढ़त में आता है। क्या यही अनुभव का अनर्थक हो जाना नहीं है––एक तरफ़ स्मृति–तिलिस्म, दूसरी तरफ़ अज्ञेय? क्या सारा नाट्य इन दो अबूझ के बीच चल रहा है?

मेरी छलना पलट कर देखने में ही है।

आँख जिज्ञासा से अच्युत है। आविर्भाव है : चरैवेति चरैवेति। प्रतिपद से संशय दीठ में आता है : चित्र–विधान होता है, कहानी की मूर्ति के प्रकल्प भाँति। क्या यह चित्र–सन्धान संशय की प्रारब्धि भी है? क्यों मेरा मुँह यक्ष संकेत की ओर है? क्या यह वर्जना है जो प्रत्यवलोकन के लिए बाध्य करती है? क्या यह दिक्–अध्यात्म है? रचनारत होने में मेरा पलटना निहित है। चित्र, कहानी की मूर्ति भाँति वहीं बैठ जाता है। मैं ठिठक जाता हूँ। यूँ जिज्ञासा का प्रणयन चित्ररत रखता है। गल्प चलता है। श्रद्धा के साथ नाटक बुन जाता है। खेल चलता रहता है।

इसमें छिपे धोखे भी।

स्मृति में सम्भूत है। मान्यता अनागत की भी है। आज बन रहे चित्र में अगले चित्र का अनागत मिल सकता है। कला में है––

वर्तिता।

बचपन में जिज्ञासा बनी रहती कि जिस पूज्य–मूर्ति के दर्शन कर रहे हैं

वह किस काल की होगी? अक्सर हर मूर्ति पर सम्वत् लिखा मिलता जिससे पता चलता कि मूर्ति की प्रतिष्ठा कब हुई होगी। मूर्ति से सम्बन्धित गल्प व कहानियों की आयु का भी अंदाज़ा होता। यह दिलचस्प लगता।

आज भी यह जानने का मन करता है कि मूर्ति की प्रतिष्ठा के साथ गल्प की भी प्रतिष्ठा कैसे हो जाती है? और गल्प से अतिशय की। क्यों गल्प मूर्ति के साथ–साथ यूँ चलता है मानो दोनों अभिन्न हों? दृश्य और वाक् का आपसी नाता चिरन्तन है। चित्रोपरान्त दोनों का प्रणयन है।

एक रीति से अन्तर्लोक में स्मृति और कल्पना परस्पर गड्डमड्ड हैं। वे यमल भाँति हैं, वजूद के गल्प में।

अभीष्ट अनिश्चित है।

''देखना'' कल्पना को उड़ान देने का पहला मंच है। यह दृश्य के निर्लिप्त को आसक्त करता है। इस प्रज्ञा परिसर में कभी कुछ जागृत होता है, कभी सुषुप्त। अव्यक्त मानो सुषुप्तावस्था में है जो देखने से जागृत है : मेरा चित्र–कर्म इसी आखेट पर खड़ा है। सूरदास का उदाहरण लें––प्रकृति किसी दूसरे रास्ते से उन में देखने की सम्भावना

जगाती है। वह भी अपने आत्म से दृश्य के व्यक्त को महसूस कर सकते होंगे। हो सकता है उन के स्वप्न किन्हीं ऐसी अगोचर छवियों के हों जो मेरे प्रज्ञा परिसर में अव्यक्त हैं। सम्भवतः उनका स्वप्न–विन्यास कुछ और हो––उनकी दृष्टि में वेक्षण किसी दूसरी इन्द्रिय के सहारे हो रहा हो, जैसे छूना, सूँघना, टटोलना।

एक के सहारे दूसरे का होना। रस रहस्य।

मान लें मेरे देखने में अभी एक रूप प्रधान है, हो सकता है उसी दृश्य में थोड़ी देर बाद दूसरा रूप प्रधान हो जाए। दृश्य में ऐसा विरूप विहार संवादी पर प्रमादी है। देखना ही रूपों की प्रधानता तय कर रहा है : दृष्टि में उपज से, दृश्य देखने के अनुरूप बदल सकता है। अवलोकन उपज के परिष्कार में दृश्यानुभूति है। दृश्य में (अ)रूप है––देखना रूपाविष्कृति हैः क्या ललित का उदभव यहीं नहीं? ललितोद्भव से परिष्कार है : रस।

दृश्य में उपलब्ध सब हटा दें। निराकार तब भी प्रगट है। जैसे ख़ाली आकाश। जैसे अवस्त्रा कैनवस। वह क्या है? दृश्य है, लेकिन (अ)रूप नहीं।

स्वयं न हो जाना।

कैनवस कुछ देर के लिए मरुथली में बदल जाती है।

हर ओर सिर्फ़ वही भासने लगता है जो नहीं है। वह उच्चार में आता है, मरीचिका ख़ामोशी में। शायद इसीलिए चित्र में थाह एक फलन की तरह दर्शक को नज़र आती है। क्या यह वही मरीचिका है, जो सफ़ेद पर रंग–आखेट के बाद भी ओझल सफ़ेद के होने का एहसास कराती है? कैनवस पर पारदर्शी आवरण हैं, आवर्तन मरुथली : रंग–परतें : विलोप की गाँठें। रंगावरण।

थाह यूँ है ज्यों मृगजल।

विलोम है शब्दों में।

विक्षेप का आभास है। क्या यह चित्ररत होने की विडम्बना है? क्या आदिविडम्बनाकार का खेल है? क्या प्रकट से ही मुक्ति है?

वही दिख रही है, सफ़ेदाकार। क्या मैं उसके सफ़ेदांचल में हूँ?

आस छूटती नहीं।

एक चित्र पर वापस लौटते हुए उसमें दूसरे चित्र की मरीचिका दिख जाती है। मरीचिका (में) चलते रहने में रूपायन है। चित्र चिरन्तन है।

विनिन्द्र

एक कैनवस के स्वप्न की व्याख्या नहीं की जा सकती।

सारे उद्धरण व उवाच चित्र के बाद के वाकोपवाक्य हैं। अपने देखने में जाने का विफल प्रयास करते। एक तरह की सन्धियाँ, भाषा में चित्र के साथ जुड़ने की। चित्र के सम्मुख चित्रेतर सब चीज़ों से कुछ लेना–देना नहीं है।

सृजन की विनिन्द्र नायिका गोत्रहीन है।

चित्र की विदेही भाषा से परे है।

विनिन्द्र

मज्झिम

मेरे और कैनवस के अभ्यन्तर (में) क्या है?

क्या यह अभ्यन्तर ही मज्झिम है? मध्य (बीच का बीज) का आलोक द्विज का जीवनारम्भ है। यह सम्बन्ध है, चेतना। मज्झिम चेतना है। मज्झिमावकाश जगते ही चित्रारम्भ है।

यह दो जलते दीयों को पास लाने की भाँति है। सम्बन्ध दोनों के संयोग या वियोग पर टिका है। एक तरफ़ जहाँ दो जलते दीयों की परछाइयों के आपस में मिलते ही एक तीसरा रूप (परछाईं) खड़ा हो जाता है वहीं वे एक दूसरे के तले छिपे को प्रकाशित भी कर देते हैं।

देखने के सन्दर्भ में यह सम्बन्ध वैसा भी है जो हल्के और गहरे, सफ़ेद और काले, होने और न होने को बाँधता है। क्या यही मेरे और कैनवस का मज्झिमावकाश नहीं है?

दो परछाइयों की गाँठ से मज्झिम रूप पाता है : प्रकाश के पाठ :

वह मुझे एश्वर्य से गढ़ती है––परछाईं (अज्ञेय)

परस्पर समर्पित होना नये को जन्म देना है : अपने *दूसरा न कोई* को। वही रूप है। मिलन के सन्धि–स्थल का झर जाना––

मज्झिम का।

ऐसे रूप अभय हो जाता है।

जैसे रूप के लिए कैनवस नेति का घर हो।

मज्झिम

गोचर

वह पदार्थ से बना है, लेकिन पदार्थ से अभिभूत नहीं है––
गोचर पदार्थ की विभूति है।

हर रचना–पदार्थ–सामग्री का अपना स्वभाव है। कला में बरतने से माध्यम का भाव बदल सकता है––यह समझे बग़ैर माध्यम से वैसा काम नहीं लिया जा सकता जैसा वांछित है। पाठ अपना पढ़ना होता

है अन्यथा वह उत्पाद मात्र है। इस पहलू की एक अहम भूमिका है कि एक कलाकार अपने दृष्टि–व्याकरण में माध्यम को कैसे बरत रहा है। अपने विन्यास के लिए विनियोजन के अपने ढंग विकसित करने होते हैं। कला में तकनीक विनियोजन पर खड़ी है। तकनीक का अपना अभीष्ट है। यह गूढ मसला है। दरअसल, यह वह प्रक्रिया है जिसमें कलाकार का आविष्कृत होना है।

रिक्त अतिरिक्त नहीं

कला में शैली क्या है? वह क्या है जो एक कृति से दूसरी कृति तक––कलाकार की यात्रा में––अनवरत है? रचना–विन्यास जिन तत्त्वों से संघटित है क्या उससे रचना का व्याकरण ही नहीं वैशिष्ट्य भी विशद होता है? क्या कला में शैली ही प्रमुख है? क्या वह कलाकार का अपनी कला–आवाज़ पाने का यत्न है?

कला का वह कौन–सा भेद है जिसके चलते वह माध्यम–वैविध्य में निर्विघ्न है?

नैन्सी हॉल्ट, रिचर्ड सेरां या रिचर्ड लैंग आदि, चले आ रहे माध्यमों में काम न करते हुए भी अपनी एक अनूठी कला–भाषा रच सके हैं। वह कौन सी निरन्तरता है जो अनीष कपूर या डेमियन हर्स्ट के माध्यम–वैविध्य में विद्यमान है? वह कौन–सा तत्त्व है जो रोथको या रूसो के चित्रों से प्रकट है? क्या यह वही है जो रोदां और मूर के शिल्प में भी गूढ़ पर अनगढ़ है? क्या किसी भी कलाकार के रचनांश से उसके समग्र में झाँका जा सकता है?

सन् २००४ में मैं पेरिस के घ्रांपाले और ओरेंजरी संग्रहालय में गोगां की पुनरवलोकन प्रदर्शनी देखने गया था। अपने जीवनकाल में गोगां ने जो महत्त्वपूर्ण काम किये थे वे सभी वहाँ प्रदर्शित थे। मेरे लिए इस प्रदर्शनी को देखना गोगां के चित्रकाल के विभिन्न सन्धिस्थलों में झाँकने जैसा अनुभव था। मैंने इस तरह से चित्र–क्रम को पहली बार देखा। गोगां की सकल चित्र–यात्रा में संश्लिष्ट रूपधर्मिता का एहसास होने लगा : उनके एक दौर में आती विशिष्टाकृतियाँ दूसरे दौर में विराम या विस्तार पाती नज़र आतीं तो कहीं नई विशिष्टाकृतियाँ प्रकट होतीं। उनके काम के हर दौर की भिन्न तासीर व चारित्रिकताएँ मेरे सामने थीं।

मन में उत्सुकता जगी कि कलाकार का अन्तिम चित्र कैसा होता होगा? हमेशा इच्छा बनी रहती है कि एक ऐसी चित्र प्रदर्शनी बन सके जिसमें मेरे प्रिय कलाकारों का अन्तिम चित्र हो। यह मेरे शोध का विषय है, मेरी जिज्ञासा की रीढ़ भी।

एक कलाकार के जीवन में शैली रोज़ नहीं बदल जाती। शैलियाँ चित्र के हिसाब से नहीं बदलती न ही शैलियों के हिसाब से चित्र बनते हैं। गोकि शैली व चित्र अविभक्त है।

नैरन्तर्य में कला–कर्म की सहजता है, उसकी मौलिकता भी। हरेक कलाकार की अपनी प्रक्रिया, खोज व मार्ग है––अपना व्याकरण गढ़ने का। सम्भावनाएँ अनन्त हैं––कलाकार पर निर्भर है कि वह क्या त्यागता है, क्या अपनाता है। किसी भी कलाकार के विभिन्न पड़ावों में देखने–झाँकने से ही कलाकार की (वि)भिन्न चारित्रिकताओं का पता चलता है। कलाकार की अपनी चित्र–लिपि का रहस्य उसके विभिन्न पड़ावों के समग्र दर्शन में ही खिलता है, खुलता भी। समग्रावलोकन से एक कलाकार की अनवरत चित्र–यात्रा का वृत्तान्त और उसमें विस्तार पाती कलाकार की शैली का पता चलता है। न तो कलाकार की चित्र–प्रक्रिया अचानक खड़ी हो जाती है न उसके रंग–प्रश्न। न ही

उसके चित्रों में रेखा–प्रथा का रूप पा जाना अचानक है। यह चित्र में निरन्तरता का रूप है, कलाकार की चेतना का। इसी को शैली कहा जा सकता है, जिसकी खिड़की से कोई दर्शक एक कलाकार को जानने पहचानने का यत्न करता है। कलाकार का चित्र रस–निष्पत्ति का स्त्रोत है तो चित्र–समग्र में उसकी शैली का अन्तःसलिल होना भी। चित्र–रस हमें अपने देश–काल से परे ले जाता है और हमारे समग्र अस्तित्त्व में बिसर भी जाता है। शैली कलाकार की कला–निरन्तरता से उपजा सहज उपक्रम है।

शैली को ऐसे भी देख सकते हैं, जैसे संगीत में घराना। संगीत का एक घराना दूसरे घराने से शैली के कारण ही अलग है। शैली, राग का विस्तार भी हो सकती है, उसका रूप भी। गायकी का व्याकरण निखारती चलती है; निखार में गायक का होना है। राग एक व्याकरण पर खड़ा है। शैली राग के सम्भावित रूप फलीभूत कर सकती है : अवकाश में चित्र–राग स्वायत्त हो सकता है।

शैली के बाहुल्य में उसका गोपन है।

शैली क्षेत्र–विशेष या युग–विशेष का दृश्यांकन नहीं बल्कि उस अन्तराल का संवेदनशील प्रकटन है। पहाड़ी लघुचित्र लें। लघुचित्र एक मायने में समवेत अवदान है। कोई चित्र की नायिका के बाल बनाने में सिद्धहस्त है, कोई आँख बनाने में। कोई वृक्ष–विशेष बनाने में पारंगत है, कोई किसी भंगिमा को भाव देने में। एक लघुचित्र की निर्मिति में सभी अपनी भूमिका– विशेष में संलग्न हैं। क्या इस शैली में अनेक शैलियाँ नहीं पनप रही हैं? एक लघुचित्र के चित्रांकन में संगत कर रहा प्रत्येक चित्रकार अपने में निष्णात है। जाहिर है यहाँ शैली के मायने कुछ और हैं। यहाँ शैली का मायना चित्र के वर्णन पर केन्द्रित न होकर चित्र के होने में (केन्द्रित) है। ये जुगलबन्दी के भी चित्र हैं। ऐसे में शैली के मायने बदल जाते हैं। यहाँ चित्रकार अनाम है पर चित्र और परम्परा में फाँक नहीं है।

एक कलाकृति अन्तस् को अनेकानेक तरह से निनादित व प्रकाशित कर सकती है। कलाकृति को प्रेक्षक कैसे ग्रहण करता है यह पूर्णतः उस पर ही निर्भर है। कलाकृति में पैठते हुए एक प्रेक्षक शैली पर ठिठक सकता है। यह कलांश को देखना है, सम्पूर्ण को नहीं।

रचना–यात्रा में आने वाले पड़ावों को शैली प्रश्नांकित करती है, स्पन्दित

भी। मेरी साँस की गति अन्य की साँस की गति से भिन्न है। इसी साँस–शैली में मेरा जीवन विन्यस्त है–अन्य से पृथकत्व भी। शैली कृत्रिम–शोध नहीं बल्कि साँस मानिन्द है। यह एक उपक्रम है, मूल तक पहुँचने में गोद की तरह पालती–पोसती। एक तरह से कला–प्रस्थान के पहले सुझाव : अव्यक्त से मिल रहे दिशा–बोध।

शैली की पहली प्रस्तावना माध्यम से शुरू हो सकती है। विभिन्न माध्यमों और उनके भिन्न पड़ावों पर यह शैली नये सिरे से कुछ प्रस्तुत करती है। माध्यम का आचरण अपने विस्तार में (शैली) बन रही कलाकृति को साथ लेते हुए चलता है। हो सकता है कलाकृति महज़ शैली पर ही ठिठक जाए, हो सकता है चमत्कृति हो जाए––दोनों तरह की परिणतियाँ हो सकती हैं : मानो ले डूबा तो शैली, उबरा तो शील।

शैलीपर्यन्त विरलता है। यह एक पृथक और वृहद् अस्मिता देती है––संस्कार। ऐसे व्यक्ति महज़ पंच–तत्त्वों का पुतला नहीं रह जाता। मनुष्य होने में संस्कारों की केन्द्रीय भूमिका है। ऐसे ही चित्र को लें––वह सिर्फ़ रंग–रूप–रेखा से बना थोथा मात्र नहीं। चित्र में संस्कार प्रतिष्ठित है, उसका रस निष्पत्ति में है। एक चित्र के संस्कारों को उत्कर्ष वही तत्त्व दे रहे हैं, जिनमें उसके होने का वैशिष्ट्य है। हर कलाकार की अपनी शैली

है। सब के संस्कार अलग होंगे, प्रत्येक के अस्तित्त्व को बल देते। कला–संस्कार शील भाँति है, अनुपमता की सम्भावना है। जैसे वान गॉग का उपमारहित होना उसके चित्रों में छिपा है। यही शील वान गॉग को कालातीत करता है।

शैली चित्र तक पहुँचने की एक सीढ़ी है––देखने के व्याकरण को गढ़ सकने वाला घटक।

कलाकार किसी भी माध्यम या भिन्न शैलियों में क्यों न काम करे, उन सबमें कुछ ऐसी निजता रहती है जो माध्यम या शैली से प्रभावित नहीं होती। मैं किसी भी भाषा में बात कर लूँ पर मेरी आवाज़ वही रहेगी, चेहरा भी।

मैं हर दौर में प्रयोग करते रहना चाहता हूँ। प्रयोग वर्तमान के दौर से आगे की गति के लिए रास्ते खोलता है। इसके साथ ही साथ अपना चित्रव्याकरण––जो कि चित्र–उदभव का हिस्सा है, और उसकी सांकेतिक लिपि भी––को भी उभारता–बनाता चलता है। यह एक

आजीवन सिलसिला है। एक तरह से स्वाध्याय है।

एक प्रस्तर पर आकर शैली झर जाती है––उसके विलोपन में चित्र–रूप का आविर्भाव है। शैली का कथ्य रूप–प्रस्तावना गढ़ने में है। रूप तभी घटेगा, जब शैली का अध्यारोहण होगा। शैली जैसे ही निवृत्त होती है तत्काल रिक्त रूप पाता है। यह अवकाश शैली से नहीं उपजता, यह दोनों का उपसंहार है। मेरे चित्रों में रूप का उद्‌भव रिक्तावकाश में है। रिक्तता का एक प्रकट चिह्न वे अवशेषाकार भी हैं, जिनका मेरे चित्रों में भान होता है। क्या यह रिक्तता शैली का विरह है? रिक्तता में रूप खिल रहा है। रिक्तता रूप के लिए आसन दे रही है।

अवशेषाकार अब अवशेषावतार में बदल रहे हैं।

शैली के विलोप से चित्रावकाश प्रकट है और रिक्त–स्थापन में रूप खिलता है। रूप, रिक्तता––जो नहीं है––का विरह है। रूप, अरूप का विरह हो सकता है और अरूप, रूप का : विरह के चिह्न।

कैनवस विरल है : रिक्त अतिरिक्त नहीं।

रिक्तता में मेरा अपरिग्रह है।

अनाकार

क्या चित्र बिना कल्पना के साकार नहीं हो सकता? अवस्त्रा कैनवस और कल्पना में क्या सम्बन्ध हो सकता है?

कल्पना और चित्र का (अ)परिग्रह क्या है?

मैं सर्जना को परिकल्प से प्रस्तुत करने की कोशिश नहीं करता। पूर्वग्रह से बने चित्रों को एक बार देख लेने के बाद जिज्ञासा ख़त्म हो जाती है।

लेकिन कुछ चित्र होते हैं जिनसे जिज्ञासा–आवृत्ति प्रखर होती है। पहले प्रकार के चित्र में पूर्व–कल्पित धारणा को ज्यों का त्यों रख दिया गया है, वह एक अच्छे आकल्पन के अलावा कुछ नहीं होगा। उत्कृष्ट चित्र हर बार नये स्वप्निल को जन्म देता है। चित्र–सन्दर्भ में मेरे लिए परिकल्पना का केन्द्रीय महत्त्व नहीं है। परिकल्पना की पोटली से चित्र बरामद करना विशेष के बजाय विषय को पाने जैसा है। अगर कल्पनानुसार––वैसा का वैसा––चित्र बन जाय, तो चित्र–निष्पत्ति एक परिकल्प के रूप में है। बंगाल स्कूल में बन रहे चित्र एक तरह के हैं, बड़ौदा में दूसरी तरह के। दोनों जगह मनुष्य आकृति है, लेकिन चित्रांकन के ढंग दोनों क्षेत्रों को अलग करते हैं। बड़ौदा स्कूल के चित्रों में मनुष्य आकृति उतनी अलंकृत नहीं है जितनी कि बंगाल स्कूल में। दोनों स्थानों के चित्रों में परिकल्पना व कोशिश मनुष्य आकृति के सहारे विषय चित्रित करने की है। यह संवेदनाओं का फ़र्क़ भी है। जिस क़िस्म के चित्र मुझसे बन जाते हैं, वे भिन्न हैं।

चित्र कल्पना को पुनराविष्कृत करता है––हर व्यक्ति चित्र को अपनी तरह से देखता है। मान लें कि एक चित्र को तीन व्यक्ति देख रहे हैं तब उतनी ही कल्पनाएँ उद्घाटित हैं। कला बहुलता में है अन्यथा वह जड़ हो जाय या महज़ एक वक्तव्य या सम्पुष्टि में बदल जाय। चित्र का काम सम्पुष्ट करना नहीं है। इन्द्रियाँ जिस सम्पुष्टि को स्वीकारती

हैं, चित्र उन्हीं इन्द्रियों को विस्तृत व प्रश्नांकित करता है। यही कला का तिलिस्म है। मल्लिकार्जुन मंसूर का गायन सुनता हूँ। हर बार एक नयी कल्पना के (आ)लोक में अपने को पाता हूँ।

कल्पना स्वतःस्फूर्त है। चित्रांकन दौरान घटती है, चित्राविर्भाव में उसका जन्म है और चित्रोपरान्त उसका वितान व विस्तार। चिन्तन, चित्र के साथ–साथ चलता है। चित्र अपने स्वप्निल में आना है। उपक्रम, जो चित्र–प्रक्रिया से जुड़ा है, और कल्पना जो चित्र के बाद बल पा रही है : क्या चित्र, कल्पना व उपक्रम के बीच है? क्या चित्र में कल्पना के उत्स को टटोला जा सकता है?

ऐसे एक उत्कृष्ट चित्र अकल्पनीय दृश्य–बोध को आविष्कृत करता है। वही उस चित्र का अवदान है। हो सकता है कोई चित्र उदास कर दे या आनन्द से भर दे। अगर यह पूर्वाभास हो जाय कि एक चित्र–निष्पत्ति क्या है तो चित्र से मिलने वाली अलौकिक चित्रानुभूति बचेगी नहीं।

चित्र देखने से दर्शक में विकल्प जागृत होंगे और उसी विकल्प से कल्पना की निष्पत्ति है। चित्र देख कर दर्शक के भीतर जग रही कल्पनाएँ भिन्न हैं, चित्रकार से। चित्र देखने के दौरान दर्शक जिस

कल्पना–(आ)लोक में खो जाता है, वह महत्त्वपूर्ण है।

कल्पना का क्षितिज निराकार है।

सम्भवतः चित्र–भूति अभेद है पर छलना भी। एक चित्रकार के रूप में मेरा लक्ष्य सम्भूति को भेदने का नहीं। आनन्द आपन्न में नहीं, जात्रा में है। रूपाकार के साथ खेलने में, उसका पीछा करने में। मेरा यत्न रूपाकार पाने का नहीं है, वह प्रगट होता है: अनायास रूपावतार। चित्र घटता है। चिन्तन और चित्र–प्रक्रिया की जुगलबन्दी है। हो सकता है कि एक चित्र से प्रगट कल्पना अगले चित्र के लिए किसी काम न आय क्योंकि अगले चित्र के लिए वह एक विकल्प होगी। और मेरे लिए सम्भूति। कल्पना चित्र विशेष के साथ ही है; वहीं भास या भूति। यही चित्र की ख़ूबसूरती है।

वह क्या है जो चित्र में उपजता है, चित्र–निर्मिति से? कल्पना और स्मृति में क्या सम्बन्ध है? अन्ततः स्मृति एक प्रदत्त जैसे भी है। अगर बुन रही कल्पना में स्मृति अपना काम कर रही है तब कल्पना में वह

क्या है जो प्रदत्त है? कल्पना, जहाँ पर चित्र छूट गया है, उसके बाद भी आभ्यन्तरावस्था में गढ़त–सक्रिय है, एक ऐसा निर्विकल्प जो मन में है जिसे लगातार गढ़ते चल रहा हूँ, लेकिन चित्र को पूरा हुआ मान छोड़ दिया है। दर्शक चित्र देख कर कहता है यह चित्रकार की कल्पना हैं। वह जो रूप–विधान में प्रकट है, रचना–प्रक्रिया से साकार है––क्या मेरी स्मृति क़ा वास उसमें है?

मुझे यह वाक्य मौजूँ लगता है : जब कविता लिखी थी तब दो आदमियों को पता था, अब सिर्फ़ एक को है। मुझे और ईश्वर को पता था, जब लिखी थी; अब उसको ही पता है। मैं ख़ुद ही उससे पूछता हूँ कि कुछ तो बोल, इस कविता का क्या अर्थ है।

अनाकार

वक़्फ़े

विरल कैनवस का सामना करना अपनी सामर्थ्य का दाँव पर लगना है। मैं उसके सम्मुख एक ऐसा पात्र हूँ जो ज्यों ज्यों ख़ाली होता जाता है त्यों त्यों पात्रता आने लगती है। अवकाश में ख़याल पनपता है, चित्र बढ़त लेता है। चित्र की बढ़त और चिन्तन दोनों में पूरकत्व है। चित्त और चित्र का सामंजस्य बैठना अनिवार्य है। इस सामंजस्य का तार उतना ही खिंचा होना ज़रूरी है जितना कि होना चाहिए यही पात्रता है––

अन्तर्प्रज्ञा।

बहुत सारी अनिष्पादित कैनवस स्टूडियो में रखी हैं। कुछ तो सालों से छूटी हुई हैं। शायद मैं उनके सम्मुख अपात्र रहा, विरल नहीं हो सका। ख़ाली होना ज़रूरी है :

इस ख़ालीपन को गहराओ (बाशो)

मेरे पास ऐसे असिद्ध चित्रों की विशेष संख्या है जिनके समक्ष मैं स्थगित हो गया, जहाँ बढ़त नहीं मिल सकी। महीनों बाद किसी विचलित कैनवस को देखते हुए कभी कौंध जाता है कि अच्छा, इसमें था! वे चित्र मेरे सामने स्टूडियो में ही रखे रहते हैं। मेरे लिए वे अधबने चित्र के रूप में नहीं हैं, बल्कि एक अबूझ अवस्था में हैं। उनकी विशेषता में दाख़िला मिलते ही वे विशिष्ट हो जाते हैं; उन चित्रों पर सहज काम होने लगता है।

मैं किसी भी असिद्ध चित्र को नष्ट नहीं करता। मेरा मानना है कि चित्र कभी बिगड़ता नहीं, व्यक्ति डोल जाता है। मैं आज जो कर रहा हूँ, कल उसी से शुरू करने वाला हूँ। बीते कल जो कर चुका, वह बिगड़ा हो या बना हो—कोई मायने नहीं रखता। वह पल जिसमें मैं काम रोकता हूँ या जहाँ काम मुझे रोक देता है, वही मौक़ा देता है कि न वह बिगड़ा न मैं। कल हम दोनों अपनी यात्रा पर निकलेंगे। जितनी देर तक साथ चले, चले; जहाँ यात्रा रुकी वहीं रचना है।

कभी होता है कि मैं चित्र–वृत्ति समझ नहीं पाता। जिन दिशा–सम्भावनाओं में एक विचलित चित्र पनप सकता है उसे टटोल नहीं पाता। चित्र के साथ स्वतः पनपती दृष्टि सूखी लगती है सो वे कैनवस छूटी पड़ी रहती हैं। मेरे लिए वे चित्र उन अन्तर्निहित सम्भावनाओं के चित्र हैं जिनमें अभी पैठ नहीं पा रहा हूँ। मैं सतत् अपनी अन्वीक्षा व गवेषणा के साथ उनके क़रीब जाने का प्रयास करता रहता हूँ।

रचना–प्रक्रिया निरन्तर है।

ऐसे अन्तराल मेरे जीवन में आते रहे हैं जब लगता रहा है कि मैं चित्र तक नहीं आ पा रहा हूँ। और अचानक एक समय भान होता है––हाँ, अब सब फिर से ठीक है। जब चित्र से बल नहीं मिल पाता तब ऐसे अवसन्न अन्तराल उपस्थित होते हैं। एक क़िस्म का द्वैत पैदा होता है। लगता है हम दोनों के बीच आपसी संवाद नहीं है। यह घड़ियाँ एक क़िस्म का अवसाद ले आती हैं पर प्रयास सतत् रहता है। अन्तस् में अवसन्न तासीर तारी रहती है। आत्मान्वीक्षा गहराने लगती है। मैं कुछ समयान्तराल के लिए ठहरता हूँ। खोज जारी रहती है। क्रमशः फिर नये सिरे से चित्र बनना शुरू हो जाते हैं। बीते चित्रों में आज की सम्भावनाएँ ओझल थीं, आज बन रहे चित्रों में उन्हीं बीते चित्रों के तत्त्व हैं। हर चरण का अपना वितान व विस्तार है। हर बार अपने से ऊर्जा

मिलने लगती है——जिस कैनवस पर स्थगित हुआ था वह फिर से सजीव होने लगती है।

वान गॉग से लेकर रोथको तक ने आत्महत्या कर ली थी। क्या कारण थे? क्या वे दृश्य के दारुण या अवकाश के अदम्य तक पहुँच गये थे? इसी प्रखर का——दूसरे सन्दर्भ में——गायतोण्डे में एक भिन्न रूपान्तरण है। वे कैनवस के सामने सालों तक बिना चित्र बनाए बैठे रहे। उन्होंने आत्महत्या नहीं की बल्कि वे मृत्यु को साधते रहे। मृत्यु को एक क्षणिक घटना हो जाने देने के बजाय, मानो उसे निरन्तर कर दिया। सालों तक इन्तज़ार करने के बाद उनसे चित्र बने। उनके लिए चित्र बनने न बनने के अवधि–अन्तराल गहरे साक्षात्कार का निमित्त बने। गायतोण्डे एक क़िस्म की समाधि में रहे : बोध घटा, चित्र प्रगट हुए।

जब चित्र न बने तब तनाव से तना रहता हूँ। हो सकता है वह चित्र दूसरों को अच्छा लगे पर मुझे न भाये। मेरे लिए यह ज़रूरी है कि अपने चित्र से मेरे आत्म को बल मिले। जब चित्र मुझे भाता है तब मैं स्वयंमेतर संसार में कुछ बेहतर तरीक़े से पहुँचता हूँ। जब चित्र में बढ़त न मिले तो हो सकता है बच्चे की मासूम हरक़त पर मुस्करा न सकूँ या अच्छे मज़ेदार चुटकुले सुन कर भी हँसी न आये। विचलित जोड़े रखता

है, निष्पत्ति निर्बन्ध करती है। होने को सक्रिय करती है, आत्म को और आविष्कृत।

सर्जना दौरान बढ़त के क्षणों में एक इन्द्रिय का दूसरी इन्द्रिय पर अतिक्रमण ख़त्म हो जाता है। आँख, आँख का काम करती है। हाथ, हाथ का काम। हाथ को जिस तरीक़े से आँख निर्देशित कर रही होती है वह कला–प्रक्रिया में बदल जाता है। कला में सब इन्द्रिय–सत्ताएँ अपना अपना काम कर रही होती हैं। इन्द्रियों का अन्योन्याश्रित होना स्वच्छन्द हो जाता है। ऐसी अवस्था आती है जब अन्तःप्रज्ञा घटती है। पता चलता है कि चित्र पूरा हो गया है। कलानन्द मिलता है।

रचना–प्रक्रिया में वक़्फ़े आते हैं।

मानो आज चित्र बनाना शुरू किया। एक बिन्दु तक पहुँचने के बाद वह ठिठक गया। पलट कर उसी कैनवस पर आने तक एक अवधि फैल जाती है। जहाँ आज चित्र छूटा है वहाँ कल वापस आने के बीच जीवन में बहुत कुछ घट चुका होता है। अमूमन मेरे चित्र एक बैठक में नहीं बन जाते। वे अपनी गति से चलते हैं। उनके अकस्मात् अवतरण में भी लम्बी निरन्तरता है। मेरे चित्रों का कई बैठकों में बनना वैसे ही है जैसे उपन्यास कई बैठकों में लिखा जाता है। हो सकता है चित्र प्रसंग का

थमना और अचानक फिर गतिशील होना एक उपन्यास–रचना जैसा हो। चित्र सूखने में समय लगता है, इसलिए दूरी है, देरी भी। मेरे लिए वह देरी ही नहीं, दूरी भी महत्त्वपूर्ण है। रुक–रुककर चित्र बनाने से वह दूरी निरन्तर बनी रहती है। इसलिए एक चित्र–विशेष पर वापस लौटने तक बीच के ये वक़्फ़े स्पन्दित रहते हैं। यह वह समयान्तराल है, जब मैं दूसरे चित्र पर पिछले चित्र की गति के साथ पहुँच रहा होता हूँ। यह दूसरा चित्र भी एक जगह आ कर ठहर जाता है––पहले छूटे हुए चित्र पर पहुँचने के लिए मुझे माद्दा देता है। वक़्फ़े चित्र के साथ दूरी पनपने का मौक़ा देते हैं––मैं चित्र को एक क़दम दूर से देख सकता हूँ। चित्ररत होने पर दूरी ख़त्म हो जाती है।

छूटे हुए कैनवस में अनिन्द्य मोहिनी है।

चित्र में आज जो स्थगित हो रहा है, हो सकता है वह कल पुनरपि नये ढंग से सक्रिय हो उठे। एक कैनवस पर आने वाले कल की यात्रा आज के स्थगन पर खड़ी है। यह एक तरह से हर दिन पुनरवतरण है, उसी में निरन्तरता का वास है।

एक बन रहे चित्र को अगले दिन नये सिरे से शुरू करने का एक मायना क्या यह है कि जो मैंने कल किया था, आज उसके विस्तार में

हूँ? चित्र बनता है इसलिए अपना समय लेता है। मैं अलग–अलग पड़ावों पर नहीं जाता, चित्र मुझे विभिन्न पड़ावों पर ले जाता है। जब वह मुझे रोकता है, मैं रुक जाता हूँ। चित्र जहाँ ठिठका है, उस ठहराव में उससे आगे जाने का मौक़ा मिलता है।

मेरे लिए हर ठहराव सुन्दर मोड़ है।

जब लगता है कि अब चित्र का दिगन्त है तब यह उसका दूसरे कैनवस पर शुरू होना है। इसलिए दो–तीन कैनवस पर एक साथ काम करने में समस्या नहीं होती। हो सकता है दो कैनवसों का आपस में सम्बन्ध न हो, लेकिन वे एक दूसरे के लिए रक़ीब तलाशती रहती हैं। एक मायने में बन रहे चित्र से तमाम अन्तस्–अवस्थाओं का कोलाज भी बनता चलता है। चित्र–तिलिस्म स्वतः सृजित होता चलता है।

मैं कैनवस पर नितान्त साधारण घटनाओं का भी इन्तज़ार करता हूँ कि वे घट जायें। एक अद्भुत कलाकृति देखकर किसी को लग सकता है कि अविशेष है, लेकिन कृति का असाधारणत्व उसकी अविशिष्टता में छिपा हो सकता है।

हर चित्रकार का काम करने का अपना तरीक़ा है। कोई अपने ही (बने–बनाये) तरीक़ों को तोड़ कर भी चित्र बनाता चलता है। बात मात्र तरीक़े की नहीं है न शैली की। सहजता की बात है—काम करते हुए ऐसी मनःस्थिति बनी रहनी चाहिए जो सहज–स्वाभाविक हो ताकि कलाकार वह कर सके जो वह अपने चित्र में करना चाहता है।

प्रभाकर कोलते को काम करते देखें। वे कैनवस पर एक भूखे शेर की तरह टूट पड़ते हैं और देखते ही देखते उसमें कुछ नहीं बचता। वे उसे निःशेष छोड़ देते हैं। फिर दोबारा आ कर उस कुछ न बचे हुए को भी खा जाते हैं : अब जो शेष है वह उनका चित्र है। राजेन्द्र धवन को काम करते देखें। वे निस्तब्ध चित्रपटल पर कुछ रंग छोड़ कर तत्काल कुछ रंगों को पोंछ देते हैं। अचानक ऐसा दृश्य प्रस्तुत है जो संसार के खोए हुए दृश्य का एहसास कराता है। जैसे उस दृश्य को देखते हुए ऐसी स्मृति जागती है कि यह था। जबकि जानते हैं कि यह है नहीं। वह नहीं होने का सपाट है। नसरीन मोहमदी के चित्र देखें। वे अवकाश विभाजन को सीधे सामने रखकर रहस्य को गहरा देती थीं। रज़ा पहले अवकाश को रेखांकन से तोड़ते हैं फिर रंगों से उस खण्डित अवकाश को पुनर्विन्यस्त करते हैं। यह उनका तरीक़ा है। जे. राम पटेल आकृति को देखते–देखते गढ़ देते हैं जिसे लेकर पता है कि यह गढ़ी हुई है, लेकिन प्रतीत यूँ होती है मानो अनगढ़ हो। इस रहस्य को क्या कहेंगे? अम्बादास, रामकुमार या गणेश हलोई अपने ढंग से रहस्य को गहराते हैं। सब रहस्य में रहस्य को जोड़ने की कोशिश करते हैं। उसी में सारा श्रद्धान छुपा है, अबूझ।

एक ही चित्र के अनेक चरण उस बन रहे चित्र को बार–बार नये सिरे से शुरू करना है। यह मेरे लिए रचना–प्रक्रिया की प्रिय घटना है। हर बार नये सिरे से बन रहे चित्र को बरतने से मैं अपने आपको चित्र में कल का रंगा हुआ नहीं देखता। आज आया हूँ, तो नये सिरे से जूझना है। यह कल के किए हुए को इस भाँति विसर्जित करना है कि कल के किए हुए में से आज का अपने से प्रस्फुटन हो। इस तरह विसर्जन और सर्जन, स्मृति और कल्पना की भाँति, एक दूसरे पर प्रदत्त भाव देते चलते हैं।

मेरे सामने दोनों बातें हैं। एक तरफ़ अजन्ता और एलोरा के भित्तिचित्रों का बड़ा स्केल व विस्तार है और दूसरी तरफ़ लघुचित्र हैं। लघुचित्रों में जो विस्तार है उसका ताल्लुक़ उनके आकार से नहीं है। कहना न होगा कि आकार को ध्यान में रखकर विषय नहीं चुना जाता।

असल बात प्रगटन है।

वक्फे

दिगम्बर छन्द

कलाकार की कला–यात्रा का आरम्भ : एक सीधा जवाब नहीं हो सकता।

प्रस्थान–बिन्दु एक जगह टिका नहीं है। किसी भी सन्दर्भ या अन्य उदाहरणों में देखें, दूसरे कलाकारों के सम्बन्ध में भी। प्रस्थान–बिन्दु आपस में बहुत सारे बिन्दु हैं। हो सकता है किसी जगह यह सारे बिन्दु बीज–रूप में समाहित हों––एक तरह का गोमुख या घोंसला जहाँ से थोड़ा–थोड़ा उड़ान में आते हों। एक ऐसा क्षेत्र जहाँ वजूद की तमाम

कच्ची सामग्री समाहित है। वह स्मृति में नहीं भी है और है भी। मैं निरन्तर उसके बारे में मनन नहीं करता रहता। जब मौक़ा होता है, ऐसी अवस्था होती है––जैसी कि अभी है––तब मैं उसके बारे में सोचता हूँ। सोचते ही सब चीज़ों पर एक साथ प्रकाश नहीं पड़ जाता। मुझे संकेत मिलता है––बचपन। मैं बचपन में चला जाता हूँ। यह सुषुप्त क्षेत्र धीरे–धीरे झँकृत होने लगता है और मेरी बात निकलती आती है। अन्यथा मेरे अन्दर होते हुए भी उसकी कोई जगह नहीं है। मैं हमेशा अपने वर्तमान में ही हूँ। लेकिन गोमुखावस्था वह जगह है जहाँ खुलकर अपनी बात कह सकते हैं। बात कुछ भी हो सकती है। हो सकता है बचपन की घटनाओं ने किसी तरफ़ आकर्षित किया हो। हो सकता है ऐसा न रहा हो। कला–यात्रा या एक कलाकार का होना महज़ किसी कठोराघात से या किसी एक घटना से तय नहीं हो जाता। कलाकर्म करना अचानक तय हो जाना नहीं है : यह घटनाओं का सिलसिला है, जिनके आघात में दिशा–प्रस्फुटन छिपे हैं।

बचपन की एक घटना याद करते ही आँखों के सामने आ जाती है :

दिगम्बर मुनि सुबह देवदर्शन करते समय अपने कन्धे पर मुट्ठी बाँध कर मन ही मन संकल्प लेते हैं। सीधे हाथ से एक अंजली बनाते हैं : संकल्प–भंगिमा। एक हाथ में कमण्डल, दूसरे हाथ में भिंची मुट्ठी। बँद मुट्ठी संकल्प–प्रतीक है। संकल्प घटने पर ही आहार स्वीकारते हैं। बाहर

लोग अपना चौका लगाए आहारों के लिए आह्वान करते हैं। मुनि मन्दिर से निकल उसी जगह रुकते हैं जहाँ संकल्प के पूरा होने का संकेत मिलता है। संकल्प का पता सिर्फ़ मुनि को ही होता है––किसी और को नहीं।

एक बार चातुर्मास के दौरान एक जैन दिगम्बर मुनि (विद्यासागर जी) के आहारों के लिए माता पिता आह्वान कर रहे थे। मैं उनके साथ था। पाँच–छः साल का रहा होऊँगा। मुनि संकल्प लेकर बाहर आए, लेकिन उनके संकल्प की पूर्ति नहीं हुई। वे वापिस मन्दिर में चले गये। दूसरे दिन सब और तैयारी के साथ आए कि कल महाराज के आहार नहीं हुए; आज फिर आह्वान करते हैं। लेकिन उस दिन भी मुनि वापस लौट गये। उनका संकल्प पूरा नहीं हुआ। ऐसा लगातार छः दिन तक चला। उनके द्वारा लिया संकल्प घट ही नहीं रहा था। वे निराहार रह रहे थे। जब तक संकल्प पूरा न हो, तब तक उसे बदला नहीं जा सकता।

सातवें दिन जब वे अपनी संकल्पित मुद्रा के साथ मन्दिर से बाहर निकले तब जो परिवार उनका आह्वान कर रहा था उन्हें यह पता नहीं चला कि एक गाय उनके पीछे आ कर खड़ी हो गयी है। सब आगे मुनि की तरफ़ देख रहे थे। गाय के दायें सींग पर एक कौआ आकर बैठा। मुनि जहाँ थे वहीं पर खड़े हो गये––उस परिवार के चौके पर उनकी संकल्प–पूर्ति हुई। वहाँ उनका आहार हुआ।

बाद में पता चला कि यही मुनि संकल्प था कि एक सफ़ेद रंग की गाय हो, उसके दायें सींग पर कौआ बैठा हो और वह गाय जिस व्यक्ति या

परिवार के सामने मुँह करके खड़ी हो, उसी के चौके में वे आहार ग्रहण करेंगे। जाहिर सी बात है कि ऐसे माहौल में किसी पशु के आने पर लोग उसे भगा देते हैं कि कहीं कोई अन्त्राव न हो जाए। मेरे लिए यह आँखोंदेखी घटना विस्मयकारी थी। ऐसे कठिन संकल्प लेने वाले लोग बहुत कम हैं।

संकल्प में बड़ी शक्ति है।

संकल्प का घटना अनिश्चित है। यह योगायोग का जोखिम है––अपने संकल्प से अनिश्चितता को ढाल लेना। क्या अपनी बारीकियों में जीवन अनिश्चितता के साथ का खेल ही नहीं है? क्या यह एक सहज सी बात नहीं है कि जीवन में कुछ भी निश्चित नहीं है? दृष्टिपटलीय यथार्थ में स्थूल है। सूक्ष्म अनिश्चित में छुपा है। मनुष्य अनिश्चितता के साथ खेलता है––

जैसे चित्र में,

अनिश्चितता में एक न होना छिपा है, अनन्तता या शून्य में भला निश्चित क्या हो सकता है : यही होने का अहसास कराता है। अनुपस्थिति उपस्थिति को सम्पुष्ट करती है। मेरे चित्र होने के चित्र

नहीं, न होने के चित्र हैं। मूलभूत प्रश्न है कि जब कुछ नहीं है, तब क्या है? क्या वह अवकाश ही नहीं है? मैं उस अवकाश से बरताव करना चाहता रहा हूँ जहाँ कुछ भी नहीं है। क्या यह कुछ नहीं में कुछ पाने की कोशिश है? क्या यह कुछ नहीं से कुछ निकालना है? कुछ को कुछ नहीं कर देना भी चमत्कार जैसा है।

न होने का होना या होनान्त पर दिगम्बर है। एक प्रतीकावस्था–सा।

कुछ मूर्तियों को देख कर लगता है क्या बात है, पत्थर में क्या दिगम्बरत्व आ गया है! अलंकार लाना अपेक्षाकृत आसान है, लेकिन प्रकृति में खड़ी चट्टान को और दिगम्बर कर देना असम्भव। गांधार काल के मूर्तिशिल्प में बुद्ध के कान्धे से जा रहा दुपट्टा पारदर्शी लगता है। उनका चीर दो रेखाओं के रूप में दिखता है जैसे दो जनेऊ पड़े हों।

वहाँ दिगम्बरत्व पारदर्शी (आलोक) है।

क्या शृँगार और दिगम्बर द्विज अवस्थाएँ नहीं हैं? : यदि आँख में शृँगार उतर आए––क्या शृँगार दिगम्बरत्व का (सम्भवतः) प्रश्न है?

चित्र में दिगम्बरत्व मेरा लक्ष्य नहीं, वह घटता है। क्या दिगम्बरत्व शृँगार की एक अवस्था है जैसे शृँगार दिगम्बरत्व की?

क्या चित्र अन्तिम परिग्रह है?

चित्र, नवगोत्र रच सकता है : मैं रचना की रचीति हूँ।

कला, परिग्रह निर्बन्ध करती है, स्वस्त्रोत उजागर।

दिगम्बर छन्द

तिरोहन

सिद्ध की (अ)मूर्ति का थाप मेरे मन में पैठा है। यह एक खड्गासन आकृति की परिरेखा मात्र है और पीतल के पतरे से बनी होती है। इस आकृति में आरम्पारता है, इसका भेद पूज्य है। परिरेखा से अतिरिक्त को झारने से शिल्प बनता है। सिद्ध की (अ)मूर्ति में रिक्त संकेन्द्रस है : वह मानो भाव–रूपायन है।

यह (अ)मूर्त विरचना है।

बचपन में श्रवणबेलगोला के एक मठ में मैंने संस्कृत भाषा के हस्तलिखित प्राचीन ताड़पत्र देखे थे। मेरे लिए उनका चाक्षुष मूल्य था। वह ऐसे चित्र मानिन्द थे जो लिपिबद्ध थे। मेरे चित्रों में वह लिपि प्रकट हुई; मैं चित्र को लिपिबद्ध करने लगा।

कुछ समय तक चित्र–लिखने का यह दौर चला।

धीरे–धीरे लिपि मद्दम होने लगी। चित्रों में नये रूपाकारों का प्रादुर्भाव हुआ। उनमें देवी–देवताओं की आकृतियाँ आने लगीं। धार्मिक प्रसंगों से। कुछ पुराणों से लिए हुए मिथक या उन्हीं से लिए हुए कुछ पात्र। चित्र में आते रूपाकारों को मैं अपने उन्हीं स्त्रोतों से लेने लगा जो मेरे सबसे नज़दीक थे। सामने ईश्वरीय आकृतियाँ थीं––चित्रों की पूरी शृँखला।

सोचा, क्यों न उन्हें अपनी तरह से बरतूँ।

चित्र बनाते हुए प्रयत्न करने लगा कि उनमें सिर्फ़ वह न हो जैसा मैंने देखा है। चित्र में अज्ञेय पक्ष का भान होने लगा, लेकिन कला के रूपात्मक मूल्यों का पता न होने के कारण मैं एक हद से आगे नहीं बढ़ पा रहा था। अपने चित्र मुझे कमज़ोर लगने लगे। यह बोध मुझे लगातार अगले पड़ाव की तरफ़ खींच रहा था। अगले पड़ाव अज्ञात थे। मन में

चित्र न बनने की घात गहरी होती जाती। मुझे लगता मेरे चित्रों में आकृति है, आकार नहीं। क्रमशः आकार का विन्यास आकृति के विग्रह से ज़्यादा महत्त्वपूर्ण लगने लगा।

यह अपने स्वधर्म में रूपान्तरित होने का पहला स्वस्तिकर संकेत था।

कैनवस पर तीर्थंकर–छवियों को अंकित करते हुए यह विचार आता कि नज़र में वह प्रधान रहता है जो देखा जा रहा है क्योंकि अवधान उस पर है। दृश्य में जब किसी एक चीज़ को देखते हैं, तो उसके साथ बहुत सारी चीज़ों को देखते हैं,उन्हीं बहुत सारी चीज़ों के आलोक में वह––जिस पर अवधान है––प्रभावशाली हो जाता है। धीरे–धीरे कैनवस पर तीर्थंकर की मूल आकृति के साथ अन्य छवियाँ भी आने लगीं। चित्र भरने लगा। मुझे एहसास हुआ। स्मृति कुछ चीज़ों को ले लेती है, कुछ को छोड़ देती है। स्मृति बहुत सारी चीज़ों के दाख़िल–ख़ारिज पर खड़ी है। मैं कल्पना के आधार पर उन तमाम चीज़ों को अपने चित्रों में लाने लगा जो उस सन्दर्भ–विशेष में तीर्थंकरों को देखते हुए, अप्रासंगिक लगीं। कैनवस पर संयोजन इतना भीड़ भरा होने लगा कि उसमें सापेक्ष देखने का मूल्य बढ़ने लगा।

मंजीत बावा का कहना ध्यान आया।

मिथक के साथ अद्भुत स्वीकरण है कि दर्शक यह नहीं पूछता कि एक देवी की आठ भुजाएँ क्यों हैं या रावण के दस सिर कैसे हो सकते हैं।

मंजीत बावा से प्रश्न पूछा गया कि आपके चित्रों के विषय अधिकांशतः पौराणिक क्यों हैं? उन्होंने कहा—

> पुराण से विषयों को चुनने में सबसे बड़ा फ़ायदा यह है कि बहुत सारे प्रश्न उसमें इसलिए झर जाते हैं कि लोग यह नहीं पूछते कि यह क्या है। उनको पता है।

मैं अपनी आँखों से सामने दिखायी देते दृश्यों के अलावा उस दृश्य के बारे में भी विचार करने लगा जो मेरी पीठ पीछे होने के कारण मुझे दिख नहीं रहा है। मैंने कुछ ऐसी चित्र–शृँखलाएँ बनायीं जिनमें चित्र के पीछे भी चित्र होता था। मैं चित्र बनाने के बाद चित्र–फलक के पीछे वह चित्रित करता था जो मेरे पीछे है। एक तरीक़े से जैसे परिक्रमा ली हो। चारों तरफ़ का पूरा दीख गया हो। उन चित्रों को देखने की भी व्यवस्था लगभग ऐसी होती कि उसकी परिक्रमा करने पर ही उस पूरे चित्र/दृश्य को देखना सम्भव हो पाता था। चित्र में कैनवस के पीछे चित्रित करना एक तरह से क्षैतिज गति थी। इस क़िस्म की जिज्ञासाएँ उठने लगीं कि चित्र में ऊर्ध्वाधर गति कैसे सम्भव है? ऊपर/आकाश और नीचे/भूमि को कैसे देखेंगे? मुझ में यह बराबर बना रहा कि जो मैं देख रहा हूँ, अंकित कर रहा हूँ, उसके अलावा भी रास्ते हैं और उन्हें खोजना है। चारों तरफ़ आकृतियों की दीवाल थी इसलिए आरम्पारता की सम्भावनाएँ मिल नहीं रही थीं।

दीवाल ढहते न ढहते आगे का रास्ता मिलने लगा।

तीर्थंकर के साथ ही जब भी सिद्ध (अ)मूर्ति देखता तब यह उद्वेलन होता कि आकृति के अलावा भी सम्भावनाएँ हैं। मुझे लगने लगा कि दृश्य और द्रष्टा के बीच की दूरी में अदृश्य छिपा है। मैंने अपने कुछ चित्रों में पहले पूरी तीर्थाकृति बनाई फिर एक क़िस्म की गढ़त। यह गढ़त तीर्थाकृति और प्रेक्षक की दूरी को रूप देने का प्रयास था। चित्र में दिख रहे तीर्थंकर को चित्रित करने के बाद उस पर रंग की झीनी परत चढ़ा देता। इस मज्झिम के कारण तीर्थंकर–चित्र दिखता तो, लेकिन उस दिखने के बीच में झीना पर्दा जैसा रहता जिसके कारण दूरी के होने का एहसास गहराता। उपस्थित उपमा धीरे–धीरे तिरोहित होने लगी। इसी शृँखला में तीर्थंकर का चित्र लगभग उस रंग–परत के नीचे दबने सा लगा––एक तरह के पर्दे के पीछे जाने लगा। यह पर्दे मानिन्द विनियोजन मेरे बाद के चित्रों में प्रमुखता पाने लगा। यह एक तरह का जागृत भेद रचने जैसा लगता।

यह समझ पुख़्ता होने लगी कि चित्र में कहीं तिरोहन चाहिए। तिरोहित करना बहुत ज़रूरी है। चित्रांकन के दौरान वह स्वयमेव गढ़ता चला जाता है जो अचित्रितांश है और यह चित्र के सबसे महत्त्वपूर्ण हिस्सों की तरह उभर आता है। चित्र की जगमगाहट, फुसफुसाहट, ज्वलन्तता और उसका जीवन उसके छोड़ने में है। सब अपने तरीक़े से किसी न किसी रूप में कुछ न कुछ गढ़ते हैं। किसी चीज़ को खोजते समय पर्यालोचन तीव्र हो जाता है।

मैं एकदम चौकन्ना रहने लगा।

उन दिनों भी मैं तैल रंगों से चित्र बनाता था। तैल रंग लगाने के कुछ समय बाद तक गीले रहते हैं। उनके सूखने की अपनी गति है। एक शाम मैंने एक चित्र बनाया। दूसरे दिन उसे एक कपड़े से लेकर धीरे–धीरे पोंछना शुरू किया। पर वह पूरा पुँछ नहीं सका। उस चित्र में देखने की अनुभूति कुछ ऐसी थी कि वहाँ आकृति है, शायद कोई देवता। लेकिन अभी दिखा, अभी ओझल। आकृतियों का होना लगभग इतना महीन स्तर था जैसे अगरबत्ती का धुआँ। धुएँ के उठने और विलीन होने के तार के आर–पार देख सकते हैं। होने न होने के बीच। उन्हें देखकर ऐसा लगता मानो वे छायाएं है। इतना मद्दम। जो चाहिए था वह रंगों में दबा था। जैसे शिल्प चट्टान में दबा–छिपा रहता है। समझ में आया कि सिर्फ़ रंगों के लगाने से चित्र नहीं बनता, कभी हटाना भी पड़ता है। मैंने हटाया। पहले रंग लगाता फिर उनको इतना घिसता कि महीनता के छोर तक ले जाता। वहाँ छोड़ देता।

शेष, विशेष में आता, महीन उभरता लगता।

आकृति हटते ही आकार मिला।

आलाप

चित्राभिव्यक्ति के विपदा सागर में माँ की सीख याद आई।

मैं ''सामायिक'' के अभिप्राय से प्रभावित था। यह एक निश्चित अवधि तक, एक निर्धारित क्रिया में की जाती है। सोचा, ''सामायिक'' करनी चाहिए। उचाट मन में विचार आया——इसमें आवृत्ति है पर कोई रूप नहीं। यह वक्रोक्ति है——जिस चिरन्तन भाव से शुरू की जाती है उस भाव का अन्त तक निश्चल बने रहना अपरिहार्य है। मन का भीष्मव्रती होना आवश्यक है। ''सामायिक'' जिस भाव से शुरू की जाती है, उसमें

विचार झरेगा या पनप जाएगा।

मन में सूझा कि क्या यह चित्र में सम्भव है?

मैंने बिना चूके चित्र में मर्मांग टटोलना शुरू किया। क्या किया जाए, यह समझ में नहीं आया। भाव के वितान के लिए ठहरना ज़रूरी लगा।

सोचा, चित्र में आवृत्ति व वक्रोक्ति कैसे हो? क्यों न कैनवस पर एक ही रूपाकार को वैसे ही रख दूँ जैसे "सामायिक" में एक ही मन्त्र को बारम्बार उच्चारा जाता है। मन्त्रोच्चारण के बीच में एक समान समय होना चाहिए। संगीत मानिन्द मन्त्र की अन्तर्आवृत्ति में साँस का भेद नहीं होना चाहिए। सोचा, क्यों न एक ही रूपाकार एक समान दूरी व समान तरह से पूरे कैनवस पर विन्यस्त कर दूँ। उद्भावन अच्छा था। चल पड़ा।

मैंने कैनवस पर एक आकार लिया, चित्र पर आकार आवृत्ति शुरू हुई। पहली रंग–परत लगाई फिर दूसरी। विलिप्ति की यह प्रक्रिया चालीस परतों तक चलती रही। चित्र में चार रूपाकार दिखने लगे लेकिन वे

चालीस रंग–परतों में हर परत पर चार आकार थे। असल में वे एक सौ आठ आकार थे, लेकिन चार ही प्रतीत होते थे। वे आकार एक दूसरे पर बैठते चले गये। आलेप की एक शृँखला बनी। यूँ आकार को आलाप मिला। इसका आनन्द लगभग वैसा ही था जैसा ध्रुपद का, जिसमें एक ध्वनि से खेल रहे होते हैं। ''सामायिक'' को मैं चित्र में अपने तरीक़े से बुन रहा था।

''सामायिक'' के बाद प्रतिक्रमण की महत्ता है। प्रतिक्रमण विषम का स्थाप है। प्रतिक्रमण पढ़ने–सुनने में ईसाई पाप–स्वीकरण जैसा ध्वनित होता है पर यह उससे मूलतः भिन्न है। यह असम्यक् को असम्बद्ध करने की प्रक्रिया है। ऐसे भी समझा जा सकता है कि अगर अतिक्रमण बाह्य फैलाव की व्यवस्था है, तो प्रतिक्रमण उतनी ही आन्तरिक विस्तार की। वह स्वयं के प्रति स्वयं में विचरना है। यह प्रतिक्रमण और अतिक्रमण में एक मूल अन्तर है।

अभी तक मैंने अपने किये–धरे कैनवस के सफ़ेद पर पूरी तरह से अतिक्रमण कर लिया था। अब प्रतिक्रमण ज़रूरी था। मैंने एक कोने से चित्रित सतह को विषम करना शुरू किया और करते–करते दूसरे कोने तक, चित्रित किए हुए को, विषयेतर करता चला। पिछली कोशिशों से अब तक जो नहीं हो पा रहा था वह अचानक घट गया। मेरे सामने मेरा पहला चित्र था। समझ सका कि चित्र में अतिक्रमण और प्रतिक्रमण द्विपार्श्वी हैं।

कैनवस के सफ़ेद का पिण्डदान उसके प्रतिक्रमण में है।

आलाप

मोक्षधाम में

मैं अपने अबोध, एकाकी मन के साथ––बिना किसी को जाने–पहचाने––भारत भवन के आँगन में, सीढ़ियों पर या *रूपंकर* की कलादीर्घा में अन्यमनस्क–सा घूमता–टटोलता रहता था।

क्या खोजता रहता था, मुझे नहीं पता,

रूपंकर की कलादीर्घा में मैं अन्यान्य चित्रों के अलावा धवल क्लान्त और गायतोण्डे के चित्रों के सामने अक्सर ठहर जाता था। दोनों के ही चित्र मुझे बेहद प्रभावित करते थे।

ऐसे जाने–अनजाने गायतोण्डे के साथ मेरा पहला सम्बन्ध बना।

शुरू में सिर्फ़ चित्र देखता था, बाद में नाम भी देखा कि गायतोण्डे का है। मुझे न गायतोण्डे के बारे में पता था न दूसरे कलाकारों के बारे में। उनके तीन ख़ूबसूरत चित्र एक साथ मेरी आँखों के सामने प्रदर्शित रहते थे। दो चित्र लगभग सफ़ेद से निकलते, कुछ धूसर–से। एक चित्र लाल में डूबता हुआ, कुछ पीला–सा। तीनों में एक नैरन्तर्य अन्तःसलिल जान पड़ता, ख़ामोशी महसूस होती। धवल क्लान्त के चित्र में विचित्र क़िस्म का सन्नाटा और अँधेरा महसूस होता। इस चित्र शृँखला में राजेन्द्र धवन का चित्र भी शरीक हो गया। तीनों के चित्र मेरे मन की चलायमान अवस्था को थोड़ा स्थिर कर देते थे।

दिल्ली आने पर पता चला कि गायतोण्डे दिल्ली में ही रहते हैं। मन में हुआ, कभी उनसे मिलूँ। लेकिन सम्भव नहीं हो सका। न कभी उन्हें फ़ोन किया न कभी उनसे किसी चित्र–प्रदर्शनी या किसी संग्रहालय या कहीं सड़क चलते मुलाक़ात हो सकी।

हमेशा यह भाव ज़रूर बना रहता कि जब हो सकेगा तब उनसे मिलूँगा। कई बार कुछ ऐसे मित्रों से मुलाक़ात होती, जो गायतोण्डे से मिले थे। उनसे उनके बारे में जानने की कोशिश करता। गायतोण्डे से सम्बन्धित कहीं कोई लेख मिलने पर या उनके किसी चित्र की प्रतिकृति मिलने पर उसे पढ़ने–देखने की कोशिश करता। इन्हीं छोटे बिन्दुओं से गायतोण्डे के प्रति अपनी जिज्ञासा को जगाये रखता। यह सिलसिला चलता रहा। गायतोण्डे को अपने हिसाब से खोजता–टटोलता रहा।

गायतोण्डे के बारे में मुख्यतः दो बातें सुनने को मिलती थी। पहला, उनका अन्तर्मुखी स्वभाव। दूसरा यह कि वे कमाल के चित्रकार हैं। मैं समझने की कोशिश करता कि गायतोण्डे चित्रकार हैं, यह तो पता है, लेकिन उनका कमाल क्या है? उनके चित्रों का कमाल मैंने उनके चित्रों को लगातार देखते हुए स्वयं ही समझा। अपने आधार पर, किसी और के बताने से नहीं। गायतोण्डे के साथ मेरा एकतरफ़ा प्रेम जारी रहा, गायतोण्डे को उनके चित्रों के द्वारा देखता रहा।

एक बार मेरे चित्रकार मित्र अखिलेश दिल्ली आए। मैंने उनसे पूछा––''क्या आप गायतोण्डे से मिले हैं?'' वे उतने ही कौतूहलपूर्वक बोले––''नहीं।'' मैं लगातार ढूँढ़ता रहा कि मुझे कोई ऐसा मिले, जिसके

सहारे गायतोण्डे के पास जाने का एक मौक़ा मिल जाये। पर ऐसा नहीं हो सका।

एक बार की बात है––शायद २००३ की। मुम्बई के योगेश रावल की चित्र–प्रदर्शनी गैलरी एस्पास, दिल्ली में आयोजित हुई। हम सब प्रदर्शनी में गये। प्रदर्शनी ख़त्म होने के बाद हमने तय किया कि अगली शाम मित्र मेरे घर आयें। कुछ मित्र आये, हम बैठे।

मैंने योगेश से गायतोण्डे के बारे में कुछ जानना चाहा। उनकी बातों में गायतोण्डे–रहस्य, रहस्य बना रहा। मैं गायतोण्डे को समझना चाह रहा था पर उनका रहस्य गहराता गया। मन में तीक्ष्ण इच्छा से छटपटाने लगा कि मैं उनसे मिल क्यों नहीं पा रहा हूँ। उस रात योगेश वापस चले गये।

पीछे मैं और अखिलेश रह गये।

उस रात मैंने अखिलेश को हाल में बनाया अपना चित्र दिखाया। उन्होंने सीधे चित्र पर कुछ कहा नहीं, लेकिन उनकी ख़ामोशी में चित्र को लेकर एक तरह की स्वीकृति थी। यह इंगित करती कि– हाँ, शायद.....

न जाने क्यों, हम गायतोण्डे की बात करते रहे, बहुत शिद्दत से। उस रात का तनाव और भाव कुछ और था। हम गायतोण्डे पर लगातार बात करते रहे। यह सिलसिला रात दस बजे तक चला होगा। अखिलेश को वापस भोपाल जाना था। मैं उन्हें स्टेशन छोड़ने के लिए उनके साथ हो लिया। वे रेल में बैठे, सुबह भोपाल पहुँच गये। मैंने लौटकर अपने चित्र पर काम जारी रखा।

अगले दिन सुबह अखिलेश का फ़ोन आया। उनके स्वर में चीख़ का भाव था। उन्होंने कहा––''मनीष, गायतोण्डे नहीं रहे।'' मैं फ़ोन पकड़े खड़ा रहा––क्षुब्ध व स्तब्ध। समझ नहीं सका कि क्या हो गया है। इतना गहरा सदमा। मैं स्वीकार नहीं कर पा रहा था। अखिलेश चीख़ रहे थे पर मैं गूँगा बना रहा। मैंने योगेश रावल को फ़ोन किया। वे दिल्ली में ही थे। उन्होंने कहा––''तुम्हें गायतोण्डे के अन्तिम संस्कार में जाना चाहिए''। मैंने कहा––''आप भी चलें।'' पर कुछ ऐसा कारण आन पड़ा कि वे नहीं चल सके। वे बोले––''तुम उन्हें कल ही इतनी शिद्दत से याद कर रहे थे। यह मौक़ा है। तुम इसे एक बुलावा मानो। दर्शन नहीं तो अन्तिम दर्शन ही कर लो।'' मैं आनन–फानन उनके अन्तिम दर्शन के लिए निकल पड़ा।

मैं वहाँ कभी गया नहीं था।

लेकिन खोजते–खोजते गुड़गाँव में उनके अर्जुन मार्ग के निवास पर पहुँचा। मुझे पता नहीं था कि उनका घर कौन–सा है। जैसे ही उनके घर के पास पहुँचा, ज़मीन पर गिरे फूल और मखाने के टुकड़े और सिक्के नज़र आये। मुझे लगा हो न हो, ये गायतोण्डे की अर्थी के ही हैं। मैं उन फूलों की पँखुड़ियों, मखानों के टुकड़े, और बिखरे हुए सिक्कों के सहारे गायतोण्डे के उस दरवाज़े पर पहुँच ही गया जहाँ पर वे अब कभी लौटकर नहीं आने वाले थे। मन में भाव आया कि कैसा संयोग है––दर–बदर आज वहाँ पहुँचा हूँ, जहाँ से वे कहीं और जा चुके हैं।

मैं उनकी अर्थी का पीछा करता रहा।

गुड़गाँव में उनके घर के पास दो श्मशान हैं। मुझे पता नहीं था कि उन्हें कहाँ ले जाया गया है। एक श्मशानघाट पहुँचा। वहाँ बहुत ज़्यादा भीड़ थी पर कोई भी जाना–पहचाना चेहरा नहीं। पूछूँ तो किससे पूछूँ। जलती चिताओं में से कैसे पहचानूँ कि कौन–से गायतोण्डे थे। मैं श्मशान में चलता रहा, खोजता रहा, कुछ भी नहीं मिला। अन्ततः हिम्मत हार कर मैंने वहाँ खड़े एक आदमी से पूछ ही लिया कि यहाँ पर गायतोण्डे साहब का अन्तिम संस्कार कहाँ हो रहा है? उन्होंने रजिस्टर देखा। वे बोले––''यहाँ पर किसी गायतोण्डे का अन्तिम संस्कार नहीं हो

रहा है।'' मैं आश्चर्य में था कि वे कहाँ गये? उनको कहाँ ले गये? उन्होंने बताया--''नज़दीक में दूसरा श्मशान है, शायद वहाँ उनका अन्तिम संस्कार हो रहा हो। वहाँ जाकर देख लो।''

मुझे अपने पर बहुत खीझ हुई, गुस्सा भी आया। पता लगते-लगते लगभग एक घण्टा बीत चुका था। लगा, मैंने अन्तिम यात्रा में होने का समय भी खो दिया है। अब तक गायतोण्डे का अन्तिम संस्कार हो चुका होगा।

मैं जैसे-तैसे, खोजते-खोजते, दूसरे श्मशान पहुँचा। वहाँ कुछ परिचित चेहरे दिखाई दिये। मन में तसल्ली हुई कि उनका शरीर अभी है। शव देखकर तसल्ली भी होती है, ऐसा पहली बार लगा। मैं आगे बढ़ा। अर्थी चबूतरे पर रखी थी, अन्तिम दर्शन के लिए। वहाँ लगभग दस लोग थे और कोई नहीं। मैंने दूर से देखा--गायतोण्डे का लेटा हुआ मृत शरीर।

मैंने महसूस किया कि मैं उनके पैरों के पास से उनके पहले दर्शन करना चाहता हूँ।

शरीर एक टीलेनुमा चबूतरे पर रखा था, मैं किसी भी ओर से क़रीब आ

सकता था। चबूतरे के नज़दीक पहुँचते हुए यह एहसास हो गया कि उनके पैर किस दिशा में हैं, मैं उसी दिशा से आया। मैंने उन्हें वैसे ही देखना शुरू किया, जैसा मैंने तय किया था। मैं खड़ा हूँ, वे लेटे हैं। मेरी तरफ़ उनके पैर हैं। मेरी नज़र उनके चेहरे पर है। गाल अन्दर धँसे हुए, ओंठ अन्दर धँसे हुए, आँखें बन्द और नाक के नथुनों में घुसे रुई के दो गोले। सिर पर रखा एक तौलिया। तौलिये से उनके कान की तरफ़ बाहर आते हुए उनके घुँघराले बाल। रूखे और घुँघराले बाल। मैं अपने को कोस रहा था, कि मिलना हुआ तो यूँ।

उनके जीवित रहते मिल लेता तो शायद ख़ुशी से मेरी जान निकल जाती।

मेरे जीवन में बहुत कुछ पहली बार घट रहा था। पहली बार अपने जीवन में गायतोण्डे के शरीर से मिल रहा था, किसी श्मशान में क़दम रखा था, अन्तिम यात्रा का हिस्सा बना था, अन्तिम संस्कार से सम्बन्धित अनुष्ठान देख रहा था। पहली बार चिता को मुखाग्नि दिया जाना देख रहा था, शरीर की नश्वरता भाँप रहा था। पहली बार ही––चित्रकार–सन्दर्भ में––चित्र–महत्ता समझ रहा था। जान रहा था कि कुछ समय बाद वे नहीं होंगे, सिर्फ़ उनके चित्र रहेंगे। अब चित्रों के सहारे उन तक पहुँचा जा सकेगा।

अन्तिम उत्सव में जतिन दास, हर्ष स्वामीनाथन, अंजली इला मेनन, रामकुमार, कृष्ण खन्ना, देवराज दाकोजी, ममता, दादीबा पण्डोल, शमशाद हुसैन, प्रभाकर कोलते और मैं। नहीं याद आता कि इनके अलावा भी कोई और वहाँ था––स्वयं गायतोण्डे के। एक शाम पहले ही शमशाद की बेटी का निक़ाह था।

मैं गायतोण्डे की देह पर नज़र टिकाये खड़ा था। फटी आँखों से उन्हें देख रहा था कि कुछ अनदेखा न रह जाये। मैंने प्रणाम किया, उनके पैर छुए। मेरे जीवन का पहला और अन्तिम गायतोण्डे स्पर्श। अन्तिम प्रणाम।

कुछ लोगों ने मिलकर उनके शरीर को टीले से उठाया। धीरे से, चोरी से मैंने भी अर्थी को हाथ लगा दिया। मन में भाव था कि इससे ज़्यादा पुण्य कुछ नहीं। चिता की तैयारी चल रही थी। लकड़ियाँ सजाई गईं। कुछ पतली लकड़ियों पर कुछ मोटे पेड़ के तनेनुमा लट्ठों को आड़ा बिछाया गया। एक सेज बनी।

गायतोण्डे को सेज पर लिटा दिया गया।

वे बहुत कमज़ोर और भुरभुरा गये लग रहे थे। कमज़ोर काया पर लकड़ियों का एक और ढेर लगा दिया गया। देवराज आए और उन्होंने चिता को मुखाग्नि दी। चिताग्नि अपना काम करने लगी। बाहर सूरज का ताप भी। कुछ देर बाद चिता की लपटें इतनी ऊपर थीं कि सबको थोड़ा पीछे हटना पड़ा। धीरे–धीरे सब अपने क़दम खींचते गये। मुझे चिता की तरफ़ बढ़ने के लिए जगह मिली। मैं जलती चिता के नज़दीक जाकर खड़ा हो गया। लपटों का ताप महसूस करता रहा। मेरी पलकों, बरौनियों और सिर के बाल लपटों के ताप से थोड़ा झुलस भी गये। झुलसने में कभी–कभी दर्द नहीं होता, यह एहसास पहली बार हुआ। गायतोण्डे जलते रहे, मैं देखता रहा।

मैं कुछ भी नहीं खोना चाहता था। सबकुछ अपनी पूरी चेतना के साथ देख/भख रहा था।

जलते–जलते अचानक चिता से अजीब–सा स्वर फूटा मानो फूले गुब्बारे से हवा निकल रही हो। गायतोण्डे का सिर पिघल रहा था। मैं दिमाग़ को बहते हुए देख रहा था। याद में वह दृश्य कौंधते ही रोंगटे खड़े हो जाते हैं। चिता जलती रही। दोपहर पूरे तनाव पर थी। चिता के पास खड़ा होना मुश्किल था, चिता से दूर होना भी। तेज़ धूप आग उगल

रही थी। कुछ ने छाँव का सहारा लिया, पास ही बने एक शेड में। मैं चिता के पास ही ठहरा रहा। लगभग दो घण्टे। न गर्मी लग रही थी, न प्यास। पीछे कुछ प्यास से बेहाल पानी पी रहे थे। थोड़ी देर बाद कोई मुझे दिखाई नहीं दिया। सब शायद कहीं बैठ गये थे। मैं भी पास ही एक पत्थर पर बैठ गया। चिता पर नज़रें गढ़ाये।

चिता की लौ थोड़ी नीचे हो चली थी। राख और गायतोण्डे एकाकार हो चुके थे। बगल से दाह संस्कार कराने वाले पण्डितजी गुज़रे। मैंने पूछा––"कपाल–क्रिया तो हुई नहीं?" वे बोले––"उनको बुलायें जिन्होंने मुखाग्नि दी है।" मैंने कहा––"मुझे नहीं पता।" कोई दिख नहीं रहा था। मैं जानता भी नहीं था। बाद में पता चला था कि जिन्होंने मुखाग्नि दी, वे देवराज थे।

मैं सबके बीच अनजान जैसा ही था।

पण्डितजी ने मुझे बगल में रखा बाँस का एक टुकड़ा दिया। कहा–– ''कपाल–क्रिया करो।'' मैंने वह बाँस बिना कुछ सोचे–समझे झट से उठा लिया। जैसा मुझे करने को कहा, मैंने वैसा किया। लकड़ी की राख में कपाल की हड्डी साफ़ दिख रही थी––मैंने प्रहार कर दिया। वह चिता के अन्दर और धँस गयी। मैं वापस पत्थर पर आकर बैठ गया। मैंने अपने जीवन में पहली बार कपाल–क्रिया की।

न जाने कौन–सा ऋण अनजाने ही चुका दिया।

निसर्ग

वे जीव जिनकी सदियों पहले मृत्यु हुई और जो प्रकृति में दफ़न हो गये, उनकी देह का कुछ समय बाद रूपान्तरण हो जाता है। पूरा शरीर एक क़िस्म के जैविक पदार्थों से बना हुआ है। धीरे–धीरे उन जैविक पदार्थों को अजैविक पदार्थ विस्थापित कर देते हैं। जैसे शरीर एक ढाँचा हो और उसे गर्म काँसे में ढाल लो तो वह एक मूर्ति बन गयी। सभी जीवाश्म मूर्तिनुमा होते हैं। मानो पत्थर की काया हों।

यह प्रकृति–विधान मध्यप्रदेश में होने वाली ढोकरा ढलाई की याद दिलाता है। वे मोम की आकृति बनाते हैं। एक क़िस्म की फ़ौरी

कलाकृति। इसे ज़मीन में दफ़्न कर दिया जाता है। इस मोमाकृति में एक सूराख़ से––जिसे सँजोकर रखते हैं––गर्म, पिघला हुआ धातु छोड़ देते हैं। गर्म धातु की तासीर में मोम पिघल जाता है। मोम को धातु विस्थापित कर देता है। जब धातु का तापमान ठण्डा हो जाता है, तब वापस विस्थापित कृति निकाल ली जाती है। बस्तर के आदिवासी शिल्पकारों द्वारा शिल्प को ढालने की यह विकसित तकनीक प्रकृति से अपना सम्बन्ध रखती है। अगर जीवाश्म को एक युग का संकेत या प्रतिनिधि मानते हैं, तो उसी तक्र के आधार पर आदिवासी समाज में किए गए यह शिल्प भी उनके अस्तित्त्व के प्रतीक समान ही हैं।

मेरे चित्र प्रकृति का अंकन नहीं हैं, लेकिन उनका अपना निसर्ग है।

मैं प्रकृति के हर गोचर तत्त्व को अपने चित्रों का आधार मानता हूँ :

> यदि मेज़ को देख कर आपको उस वृक्ष की याद न आये जिससे यह बनी है तब फिर आपने देखा क्या?'' (प्रभाकर बर्वे)

यह आर–पार देखना महत्त्वपूर्ण है। प्रकृति से बाहर कुछ भी नहीं है। मैं ऐसा कुछ नहीं कर रहा हूँ जो प्रकृति से बाहर हो––मेरे चित्रों में प्रकृति का गहरा विधान है। मुझे प्रकृति से तमाम सब मिलता रहा है––ऊर्जा, स्त्रोत, आकार....। अपने चित्र के लिए विहग पथ। उड़ान के ढंग। मेरे भीतर प्रकृति को लेकर गहरा अहोभाव है।

चित्रशाला में

जिस क्षेत्र में चित्र–कर्म हो वह स्थली महत्त्वपूर्ण है। स्टूडियो के अन्तरंग में कुछ सुभीता रहता है, लेकिन वहाँ रह कर भी कुछ न हो, तब वह भला किस काम का?

कला–शिविरों में सामग्री के अभाव में काम करना कई बार नये प्रभाव ले आता है। अभाव का अपना प्रभाव है। असल बात चित्र का बनना है।

चाहे जहाँ बने, चाहे जिस देश काल में बने। (अ)पुष्कल अपनी तरह से व्याप्तता है।

यूँ स्टूडियो का अपना अभीष्ट है। मैं वहाँ अपने अनुसार सामग्री सहेजता हूँ। अपने लिहाज़ से खिड़कियाँ और दरवाज़े बन्द करता या खोलता हूँ। कभी स्टूडियो के इस दैनन्दिन अनुशासन से बाहर भी काम करता हूँ जहाँ कुछ भी मेरे अनुरूप नहीं होता। यूँ लगभग अराजकता में काम करना अतिचार और नये उपक्रम साथ ले आता है। स्टूडियो मेरे एकायन के अतिरेक का क्षेत्र है, लेकिन कई बार दृष्टि पर अंकुश भी लगाता है। बाहर काम करना एकान्त को छीन सकता है, लेकिन कई बार दृष्टि को सूत्र से मुक्त भी करता है।

पेरिस में पहली बार रज़ा के स्टूडियो गया जहाँ वे पिछले चालीस सालों से काम कर रहे हैं। मैंने वह आभामण्डल महसूस किया जो उनके वहाँ चालीस सालों से लगातार काम करने के कारण बना है। यह लगभग वैसी ही बात होती है, जैसी पीर–फ़कीर के सन्दर्भ में कहते हैं कि उनकी गद्दी/साधना–स्थली यहाँ पर है। ऊर्जा स्तर पर वह स्थान अन्य स्थानों से अलग हो जाता है। जगह और कलाकार आपस की रग–रग में रचे–बसे होते हैं।

दूसरी तरफ़ हुसैन हैं। वे जहाँ गये, वहाँ स्टूडियो बन गया। काम किया, आगे चल पड़े। सभी के काम करने का अपना तरीक़ा व महत्त्व है।

स्टूडियो के सन्दर्भ में पूरे प्रभाववादी आन्दोलन को देखें। कलाकार अपने स्टूडियो की चारदीवारी से बाहर प्रकृति में आ गये––उन्होंने प्रकृति के बीच में रह कर काम किया। प्रकृति को अपना साक्ष्य बनाते हुए काम किया, उसकी नक़ल न करते हुए ठीक उसी समय कुछ ऐसे कलाकार भी थे जो स्टूडियो में प्रकृति से कटे हुए बैठे थे, लेकिन प्रकृति की अनुकृति बना रहे थे। सम्भावनाएँ दोनों थीं।

स्टूडियो की अपनी विशिष्टता है। अगर मैं चित्र न भी बना रहा हूँ तब भी वहाँ रहता–बैठता हूँ। स्टूडियो सिर्फ़ चित्र–कर्म को ही नहीं बल्कि चिन्तन को भी अवकाश देता है। स्टूडियो में बाहर की आपा–धापी को लिंसिड की गन्ध लील लेती है। विषय हो या विशेष सब स्टूडियो के जनान्त में मेरे संग होते हैं।

वान गॉग ने कुछ काम अपने स्टूडियो के अँधेरे में किये थे। उन चित्रों का प्रताप मुझे अपनी ओर खींचता है। अँधेरे में चित्रित किये गये उनके चित्रों से नूर फूटता है——उन्हें देखते हुए लगता है मानो दोपहर के सूरज की सीधी रोशनी उन चित्रों में चित्रित फूलों पर पड़ रही है। इसके विपरीत उन्होंने प्रकाश भरे दिन में अपने स्टूडियो के अँधेरे में ही ऐसा चित्र भी बनाया जिसे देखकर लगता है मानो प्रकृति में रात के सिवा कुछ है ही नहीं। वान गॉग ने प्रत्यन्त का अर्थ ही बदल डाला।

हम जानते हैं कि यूरोप में कुछ ऋतुओं में प्राकृतिक प्रकाश मद्धम रहता है। वान गॉग के दिन ध्यान में आते हैं। उनकी माली हालत व व्यवस्था कुछ ऐसी थी कि अगर स्टूडियो में अँधेरा है तो उसे रौशन करने के साधन उनके पास नहीं थे। उन्होंने उस अँधेरे में सूरजमुखी बनाकर अपने चित्र में एक तरह से पूरी प्रकृति को चुनौती दी। वान गॉग ने अपने चित्र की सूरजमुखी प्रकृति में स्थापित की। स्टूडियो के सन्दर्भ में यह प्रसंग मार्मिक है। स्टूडियो कई बार ऐसे गुरुत्व का एहसास कराता है जिसके आगोश में मैं स्वयं को बेहतर महसूस करता हूँ।

यह स्टूडियो ही है जो कलाकार–मिथ या रहस्य को एक परिधि देता है। याद करें कि किस तरीक़े से डाली ने अपने क़िले का हर फलक

चित्रित कर दिया था! हर आदमी के लिए वह क़िला जिज्ञासा का विषय था। यह उत्कण्ठा फलक से शुरू होकर चित्र–फलक तक पहुँचती थी। डाली की उत्कण्ठा में भ्रमोत्पादन है।

स्टूडियो एक कलाकार को अनुद्वेग, उपशमन, एकायन व विधान के साथ उसके अज्ञात को ओट भी देता है, और उसके अधिमान्य का संकेत भी। अगर एक संवेदनशील व्यक्ति किसी कलाकार के स्टूडियो में जाय तो वह कलाकार की स्निग्धता का अन्दाज़ा लगा सकता है, कलाकार की प्रांजलता का भी।

मेरे स्टूडियो को देखकर सबसे पहले लोग यही कहते हैं कि वह बड़ा साफ़–सुथरा है। क्या कलाकार का स्टूडियो गन्दा रहना ज़रूरी है? फ्रांसिस बेकन का स्टूडियो लें। वे पदार्थ–सामग्री या रंगों के ट्यूब्स् का इस्तेमाल कर रद्द सामग्री को वहीं एक कोने में सँभाल कर रख लेते थे। मैंने उनके स्टूडियो की तस्वीर में उस सामग्री का शानदार पहाड देखा। विश्व–युद्ध के दौरान लुसियो फोन्ताना के स्टूडियो की छत बम गिरने से फट गयी। जब तक लुसियो फोन्ताना जीवित रहे तब तक उन्होंने कभी छत की मरम्मत नहीं करवायी न मलबे को ही उठाया––वे उस मलबे और टूटी छत के बीच आजीवन काम करते रहे। शायद

फटी छत से ही उन्हें अपनी कैनवस को फाड़ने–काटने की प्रेरणा मिली और यह रीति चित्रकला में नवीन उदाहरण की तरह प्रस्तुत हुई।

न जाने स्टूडियो कितनी तरह से प्रेरित कर सकता है।

मेरा स्टूडियो, मेरे वरेण्य को प्रकट करता है जहाँ ज़रूरत पड़ने पर फेरबदल चलता रहता है, लेकिन अलंकरण या आन्तरिक साज–सज्जा के स्तर पर नहीं। मैं सामयिकता को मद्देनज़र रखते हुए चीज़ों को विन्यस्त करता हूँ। स्टूडियो और बैठकख़ाने में फ़र्क़ है। मेरे स्टूडियो में मुख्यतः कैनवस हैं या रंग या किताबें या एक पियानो या वह मेज़ जिस पर मैं काम करता हूँ। मेरे स्टूडियो की आभा सादगी से बनी है। यह भावना–प्रधान व्यवस्था है। इस अलंकरण में मेरा विश्वास नहीं कि स्टूडियो घर से ज़्यादा पवित्र है। हाँ, वह घर से ज़्यादा जागृत व कम सांसारिक है––यह कह सकता हूँ। स्टूडियो और घर में मेरे अन्तस् या मति में फ़र्क़ नहीं है।

अपने स्टूडियो में दाख़िल होते समय पहले से कुछ तय नहीं होता हालांकि वहाँ सब कुछ होता है––संकोच, संकल्प, संशय। कभी दृढ़ता साथ रहती है, कभी डर। कभी भीतरी बुखार, कभी असंतोष। मेरे लिए स्टूडियो शून्य–कक्ष है, क्रन्दन–कक्ष भी। रज़ा के शब्दों में, वहाँ व्यवस्थित उन्माद है।

मेरा स्टूडियो उन दो सीढ़ियों के बीच बसा है जिनमें से एक ओर की सीढ़ियाँ घर से बाहर ले जाती है और दूसरी तरफ़ की सीढ़ियाँ घर से स्टूडियो में लाती है। स्टूडियो दोनों के बीच में है। तलघर में। कह सकते हैं कि घर और बाहर के बीच की कड़ी है।

चित्रशाला में

साझा

कलाकार अपनी कृति का पहला दर्शक है और पहला प्रदर्शक भी।

कलाकृति में पैठना दृष्टि–परिष्कार है। कई बार दर्शक कलाकृति के माध्यम या विषय के कौतूहल से कलाकृति तक पहुँचता है। इस संवादी भाव में कलाकृति का माध्यम––जैसे जल–रंग/तैल–रंग/एक्रेलिक/टेम्प्रा/ग्वॉश/एचिंग/लिथोग्राफ़ी/सिल्क--स्क्रीन/एक्वा–टिंट इत्यादि।

या शिल्प में जैसे काँसा/लोहा/फाइबर/पत्थर/टेराकोटा/सिरेमिक इत्यादि या संस्थापन संघटक प्रमुख हो जाता है। यह ढंग कथ्य व आख्यान से सर्जना की निर्मिति तरफ़ जाना है।

हाल ही में मुझे एक कला प्रतियोगिता के निर्णायक–मण्डल के एक सदस्य के रूप में चण्डीगढ़ बुलाया गया। मैंने एक मूर्तिशिल्प देखा। मुझे रुचिकर लगा। जब उसके नज़दीक गया तो मुझे संशय हुआ। मैंने शिल्प को छुआ। वह फाइबर था, लेकिन प्रतीत ऐसे हो रहा था जैसे काँसा हो। तकनीक काफ़ी आगे जा चुकी है। वह मिथ्या को भी सत्यता के साथ प्रामाणिक रखती है। इस पदार्थ–बोध के साथ ही मेरे देखने में फ़र्क़ आया। कहना न होगा कि पदार्थ की अपनी महत्ता है, लेकिन सबसे पहले व अन्ततः रचीति/निर्मिति ही मतलब रखती है, वह विन्यास जिससे कृति खड़ी है। पदार्थ के सहारे कलाकृति देखना या कलाकृति के सहारे पदार्थ जानना, दोनों उपक्रम या प्रयास भिन्न हैं। ख़ासकर संस्थापन कला में। कलाकार के देखने में पदार्थ में छुपे रहस्य दूसरे सम्भावित अर्थों को अपने में समेटे हुए हैं। यूँ एक ओर स्थूल अर्थ का तिरोहन है, दूसरी ओर नये अर्थों का प्रस्तुतीकरण है। कलाकार आभ्यन्तर व मज्झिम की सतह से इन्हीं दो बिन्दुओं के ओर–छोर में अपने विन्यासों को ढूँढ़ता–टटोलता–समेटता चलता है। संवेदना और दृष्टि का सम्बन्ध दृश्य से शुरू हो सकता है, पदार्थ से भी।

मेरे लिए रचिती महत्त्वपूर्ण है, उसी में रूप–लीला है, रस है।

मेरा अपने चित्रों का प्रथम साक्षी व प्रदर्शी होना द्विपार्शी होने मानिन्द है। दोनों रस पर टिके हैं। निष्पत्ति, प्रदर्शी भाव से मुक्त कर देती है––मैं सिर्फ़ चित्र के दर्शन में होता हूँ। हाँ, कलाकृति प्रदर्शित करने के मेरे विचार हैं। यह अपने में एक रचना–धर्म है।

मेरे लिए संवाद कलाकृति के अन्तःकरण व उसके व्याकरण से है। कलाकृति के मर्मांश में पैठने के संकेत यहाँ से मिल सकते हैं। यह कलाकृति के अर्थ निरूपण का उपक्रम नहीं बल्कि कलाकृति से दृष्टि का परिष्कार है। सहज विस्तार है।

प्रदर्शनी देखने जाना कलाकार के सहचर्य में होना भी है जहाँ देखकर दूसरे का 'देखा' देखते हैं––यह देखने की बढ़त, यूँ देखने के परिष्कार की कला है। मेरी ग्राह्यता देखने पर टिकी है। इसीलिए मैं चित्रकार हूँ। एक दर्शक भी।

मुझमें पूर्वग्रह हैं––वे मेरे देखने को दिशा देते हैं। क्या देखना *गति* पाना है, पूर्वग्रहों का पीछे छूटना?

दर्शक चित्र को देखते हुए अपने ही मानस में उसी से उपजता कल्पना–चित्र रचता जाता है। यह चित्र में अपने देखने को स्थापित करना है। हो सकता है कि मेरे चित्र में आता एक आकार किसी को कुछ और प्रतीत होता हो। इससे चित्र–आकार के उद्भव में कुछ फ़र्क़ नहीं पड़ रहा है, लेकिन दर्शक की दृष्टि इसी विलोपन में उसे पुनः परिभाषित करती है। रूप की बहुलता इसी से स्थापित हो रही है :

An image has more meaning than you can pour into it. (J. Swaminathan)

अपने किसी चित्र को देखकर सम्भवतः वह तारीख़ याद न आए कि वह कब बना था, लेकिन उसी चित्र को देखकर उन क्षणों की कैफ़ियत या ऊहापोह याद आती है। स्मृति की लीला अजब–ग़जब है। चित्र का वितान स्मृति से पार पाने में है। एक चित्र दर्शक से अपनी स्मृतियों को विलगाने का अनुरोध करता है, कि छोड़ो तब देखो। जैसे रंगाभास को।

देखने से खिलना है।

साझा

राधा रंग

मुझे रेखांकन करना भाता है। वे मेरे स्वगत आलेखों के समान हैं। उचाट क्षणों में रेखांकन का प्रांजल व लालित्य और ज़्यादा मनोग्राही लगता है। मेरे लिए रेखांकन आसन्न चित्रों को पत्र लिखने जैसा है। यह ऐसी निजी लिपि है जिसमें चित्र–सम्भावना है। वह मर्यादांकन भी है।

कुछ कलाकार कैनवस पर पहले रेखांकन करते हैं या सम्भावित चित्र

का कच्चा खाक़ा खींचते हैं। यह मेरा रास्ता नहीं। मेरे लिए रेखांकन चित्र से भिन्न है। यह रेखा की मर्यादा से परिष्कृत होने का माध्यम है। रेखाचित्र में रेखा अन्तारम्भ का धाम है।

मैं यह नहीं कह सकता कि हर रेखांकन में चित्र आसन्न होता है। कभी–कभार होता है कि रेखांकन चित्र का सहकार हो जाता है। चित्र स्फुटन इसी धाम में होता है।

मेरे लिए रेखाचित्र का होना एक ऐसी अवलम्बित निष्ठा व ऐसी सर्जना से जूझना है जिसमें उपज अपनी पूरी सम्प्रभुता के साथ न्यस्त हो सके।

रेखाचित्र का निरूपण बहुविध है। मेरे लिए रेखाचित्र स्वयं को ही लिखे पत्रों की तरह हैं, जैसे रेखाओं, आकारों की पाती। शब्द–आकारों की पाती। यह पत्र मुझसे चलते हुए मेरे आत्म तक पहुँचते हैं। न इनमें देर है न सवेर। वे स्वतः प्रवर्तित हैं। तात्कालिक इतने जैसे साँस का आना जाना। रेखाचित्र में नैरन्तर्य इतना है कि उसमें अवशिष्ट का बोध ही नहीं होता। जब मैं रेखा चला रहा होता हूँ तब मेरा बोध रेखा के उस

छोर पर टिका रहता है जहाँ अप्रमेय है। एक तरह से रेखा मेरा हाथ पकड़े मेरे साथ चलती है।

रेखा कला–यात्रा में मेरी सहभागिनी है। वह मेरे गत्वर को अनावृत्त करती है। मेरे मद में वह गहरा जाती है, धीमा छोड़ते ही वह स्वयं मद्दम हो जाती है। समान दबाव के प्रसंग में उसका संचरण स्थिर है। वह अपने अन्तस् में सारे भावों को पूरी समग्रता के साथ लिए हुए रहती है।

हम दोनों सहकार से साथ चलते हैं। मेरे भावों को रेखा कभी अपने निस्तेज और कभी स्याह होने की बिला पर तत्काल व्यंजित करती चलती है। वह इस आलक्षित की निरन्तरता है। व्यंजना की अविरति में रेखा का चमत्कार है। रेखा की लीला रंगों के सहारे नहीं। रेखा का चरित्र उसकी अभंगता में है।

रेखा कागज़ के निरंजन सफ़ेद को आविष्ट करती है, विचलित भी। यह सफ़ेद को संहित करती है। और उसके असीम का अपने एक नन्हे से बिन्दु–रूप से सन्धान करती है। यही रेखा की विभूति है। मुझे रेखाचित्र

इसलिए भी भाता है कि यह सीधे–सीधे सफ़ेद और काले का मेल है––मानो अपने विपर्याय की सन्धि।

मन्दिर के गर्भगृह की कल्पना में अंधकार का गहरा भाव है, उसमें रोशनी––जिसे मैं सफ़ेद से अभिहित कर रहा हूँ––अँधेरे में स्थापित है। मेरे लिए रेखाचित्र कुछ वैसा ही है। रेखा जैसे ही होती है, वह रोशनी में एक गर्भ ला देती है। सफ़ेद की रोशनी में––अवकाश में––गर्भगृह की सम्भावना व स्थापना है।

रेखा रोशनी में श्यामा है। सफ़ेद में गर्भ–स्थापन।

सफ़ेद कागज़ पर रेखा घुमाते हुए क्रमशः उसके दोनों सिरों को मिलाते ही वृत्त बन जाता है। वृत्त के अन्दर सफ़ेदाशेष है, और उस से बाहर सफ़ेदारिक्त। दोनों सफ़ेद के मायने बदल जाते हैं। एक तरफ़ रेखा सफ़ेद को आबद्ध कर रही है, वहीं दूसरी ओर बाहरी सफ़ेद को अन्दरूनी सफ़ेद से असम्बद्ध भी कर रही है। इस धाम में वह सफ़ेद के दो मायनों को स्थापित कर रही है। यही उन दोनों सफ़ेदों की

अभिव्यंजना है, यही रेखाचित्र का जादू है। रेखांकन के दौरान आज जिस सफ़ेद पर गाँठें लगाता हूँ वही बाद में उसका केन्द्र हो जाता है––एक अलग ऊर्जा से संचालित होता है।

मानो मैं रेखा–स्मृति की सियाह परछाईं बनकर उसके साथ चल रहा हूँ।

मेरे चित्रों में रेखा–निर्मित आकार नहीं हैं––वहाँ रेखा का घटना, एक आकार घटने से निर्मित नहीं है। यूँ बहुधा चित्रकला का उद्गम रेखा में छुपा होता है। जैसे केन्द्र से फूट रहे उद्गम से परिधि तक आने के विस्तार में, रूप एक धारा है। लेकिन मेरे चित्र की यात्रा उलटी है। वह धारा नहीं, राधा है। मैं परिधि से मूल की तरफ़ जाता हूँ––विस्तार में वह चित्र विचित्र है। मेरे लिए केन्द्र से परिधि की तरफ़ का प्रवाह धारा है। परिधि से वापस केन्द्र की तरफ़ का प्रतिक्रमण राधा है। धारा का ठीक उलटा : राधा। राधा के सहारे चित्र के अन्तःस्थल में जाना––यही कला है, अमूर्तन है।

मेरे लिए (रेखा,) राधा का रंग है।

अतिक्रमण दृश्य है, प्रतिक्रमण रेखा। गोमुख ओर लौटना प्रतिक्रमण है।

इसी सन्दर्भ–विशिष्ट अभिप्राय में बात का विस्तार लें : चित्र–रूप में जो दिख रहा है, वह एक रीति से अतिक्रमण है। सफ़ेद कैनवस पर चित्र को विस्तारना सफ़ेद को अतिक्रमित करना भी है। लेकिन चित्र का प्रतिक्रमण, चित्र में उस सफ़ेद को दुबारा स्थापित करना है। यह सफ़ेद को पाने का प्रतिक्रमण है। यह मेरा ही नहीं मेरी यात्रा का भी प्रतिक्रमण है।

जब बने तब चित्र, जब घट जाय तब वह रेखा––

मैं चलता हूँ, रास्ता बनता है। वापस लौटता हूँ, बने रास्ते से। देखता हूँ––वह रेखा है। मेरे लिए यही रेखांकन है। चित्र रहस्य है, रेखा सार है:

मैं अपना दूसरा हूँ (कृष्ण बलदेव वैद)

हो सकता है कुछ चित्र–भाव कृष्णवर्ण में प्रकट हों। कृष्ण में रंगों में वैमनस्य नहीं होता। वे यूँ समलय होते हैं कि साक्षात् रूप अध्यात्म जान पड़ते हैं। क्या कृष्ण में सारे भाव अर्क़–रूप से प्रस्तुत हैं? जैसे कुछ झेन चित्र। वहाँ काले और सफ़ेद का अभेद प्रकट है : यह रेखा का अचम्भा है।

वह रेखा दिखती है, जिसके दोनों सिरे आपस में मिले हुए हैं। जैसे ही दोनों सिरे आपस में मिलते हैं, यात्रा पूरी होती है, उद्देश्य की प्राप्ति भी। उद्देश्य, उद्गम में है। उद्गम की ओर मुड़ते ही यात्रा अपने आप एक वृत्त का रूप ले लेती है। वृत्त एक सम्पूर्ण आकार है : मेरे लिए प्रदक्षिणा रूपक। यह रेखा के बीच में कोण की सम्भावना को निरस्त करते हुए चलना है––कोण टकराव से आएगा जबकि प्रदक्षिणा में टकराव नहीं है।

प्रदक्षिणा का भाव मुझे भाता है। यह भाव मेरी जीवन यात्रा को दिशा देता है––वह उद्देश्यविहीन नहीं रह जाती। यह बोध मुझे गोमुख से विलग नहीं होने देता। इसीलिए प्रदक्षिणा की कल्पना एक वृत्त की कल्पना भी है। प्रदक्षिणा का केन्द्र इस यात्रा की साखी है। इस केन्द्र में मेरी श्रद्धा और विश्वास स्थापित हैं। स्थापना, सान्त में अनन्त का दर्शन

है

रेखा, एक प्रतीकावस्था

राधा रंग

दोआब

चित्र के हर माध्यम की अपनी विशिष्टताएँ, अधिष्ठान व माहात्म्य है। चाहे वह रेखांकन हो या जल–रंग या तैल–चित्र। तैल–चित्र में संशोधन की गुंजाइश है––अधराह में चूक होने पर उस में रूपान्तरण किया जा सकता है, ऐसे इस माध्यम में संशय को निरापद में ढाला जा सकता है। वहीं जल–रंग में यह गुंजाइश नगण्य है। यह ऐसा माध्यम है जिसमें प्रत्यागमन नहीं संवतर्मान है। जल–रंग लगातार होते जाने का माध्यम है, काग़ज़ पर जल–रंग प्रवर्तित करते ही यह उसके निमिष का स्थाप है। यही जल–रंग का परिष्कार भी है।

जल–रंग में बरतना ऐसी (अन)होनी है जिसमें चूके तो अनिष्ट है अन्यथा वह अचम्भा है। जल–रंग प्रभावी व अचूक है—–वहाँ चूकने पर कलाकार ठगा रह जाता है। तैल–रंग में ऐसा नहीं है। कलाकार की पारमिता कहीं न कहीं काम आती है, ग़लती होने पर संशोधन का मौक़ा देती है। जल–रंग में चूकने से चित्र–चातुर्य धरा का धरा रह जा सकता है। जल–रंग पारमिता का प्रतिशेध है और चित्र–चातुर्य की आलोचना भी। यही इस माध्यम की तितिक्षा है।

जल–रंग के अधिष्ठान में रंग, जल और काग़ज़ का अपना सहकार है। काग़ज़, जल–रंग के संसर्ग में सजीव होने लगता है। सजल काग़ज़ की माँसल व लोचदार लुगदी को किसी भी आकार में ढाल सकते हैं। सिक्त काग़ज़ पर ज़रा–सा रंग भी यूँ पसर जाता है जैसे उर्वर माटी पर वनस्पति। काग़ज़ में जीवन की सम्भावना निहित है। काग़ज़ जैविक पदार्थ से बना है। जल–रंग प्रवर्तन जैविक क्रिया मानिन्द है और उसकी वृत्ति जीवन।

जल है, रंग है, काग़ज़ है : तीनों का अपना स्वतन्त्र स्वभाव, बर्ताव व महिमा है। मुझे तीनों की तितिक्षा को वश में करते चलना है। सजल होते ही काग़ज़ अँगडाई लेता अवरति में शिथिल हो जाता है। काग़ज़

का रेशा–रेशा प्रतिक्रिया देता है। भीगते ही काग़ज़ यूँ जीवन्त हो जाता है मानो प्यासा था। काग़ज़ पाते ही जल गति पाता है––रगों में जल धमनियों में ख़ून जैसे गतिमान हो जाता है। काग़ज़ की रगों में जल वह अवकाश बनाता चलता है जहाँ अब रंग विचर सकता है।

जल–रंग में सब संवर्तमान है। चूक घात लगाये है कि कब झपट्टा मार ले। यह माध्यम की ख़ूबसूरती है। जल–रंग शुरू से आख़िर तक चैतन्य को एकाग्र रहने के लिए बाध्य करता है। ज़रा सा फिसले कि चित्र से बाहर। जल–रंग में प्रत्यागमन सम्भव नहीं, तथागति व प्रसुप्ति के अलावा कुछ और नहीं।

यह माध्यम कलाकार के स्वप्निल संग स्वयं भी चित्र में जीवन्त होता चलता है। उसके सजीव में मुझे उस विदग्धता से भी बचना होता है जिसके गिरने से रचना है। चित्र में चेतना के चरम पर तक्र को गिरते देखा जा सकता है। काग़ज़ पर जल–रंग का पहला स्पर्श मतलब चित्र यात्रा का पहला मील का पत्थर। अगर मैं इस यात्रा को निर्मूल करना चाहूँ तो वह उच्छेदित भी चित्र में प्रतिपन्न होता जायेगा। असल में जल–रंग में/से कुछ नहीं छूटता––न गति, न निवृत्ति। जो कुछ मैं छोड़ता चलता हूँ वह भी उसमें परिष्कृत होता है। उसके विधेय में

सबकुछ विधृत है——समय, गति, प्रक्रिया, स्थगन, नैरन्तर्य और यात्रा का विश्राम भी। यह माध्यम जल और रंग के अनुपात से अप्रयुक्त को उपयुक्त करता है। चित्राणु से लेकर पूरे चित्र तक की यात्रा साफ़ दीखती है। यही जल–रंग का वैशिष्ट्य है :

> जल–रंग पानी में भीगे रंग हैं। (डेविड हॉकने)

मेरे लिए जल–रंग का होना ऐसी पारदर्शी प्रगाढता का होना है जहाँ ताप और शीतलता अपने साहचर्य में है। फ़र्ज़ करें कि चटख धूप में मेरे ऊपर किसी ने झीनी मलमल की चादर तान दी हो। उसके ऊपर एक और चादर और क्रम चलता रहे। प्रकाश चादर में से छन कर इतना महीन हो जाय कि वह न अँधेरा हो न रोशनी। मज्झिम मानिन्द।

मेरे तैल चित्रों में ऐसे ही झीने अँधेरे बुने हैं। इस अँधेरावकाश में उदीप्ति है। वहीं जल–रंग में प्रकाश के दरमियान जिस अँधेरे को रंग चादर से रचता हूँ वहीं चित्र की सर्जनात्मकता है।

जल–रंग का यह वैशिष्ट्य है कि वह अपने परिष्कार की अवस्थाओं को पछाड़ते हुए नहीं बल्कि उनकी समष्टि के साथ प्रस्तुत होता है। इस माध्यम में उद्गम के प्रारूप से लेकर निष्पत्ति के शिखर तक की सभी

अवस्थाएँ दृष्टिगोचर हैं। अवस्थाएँ ही अपने अगले अवस्थान्तरों का निमित्त बनती चलती है। यही जल–रंग का निखिल है। प्रकृति में चट्टान को लें। चट्टान की ऊपरी सतह जिस परत पर रखी है और क्रमशः उसके तले जमी सारी परतों की समग्रता से वह एक चट्टान है। दरअसल, चट्टान सारी अवस्थाओं की शिला है। यह प्रकृति का रहस्य है––मैं देखता हूँ कि मेरी प्रतीति कितनी प्रतीतियों पर खड़ी है, कितनी अवस्थाओं पर खड़ी है। हर अवस्था, विशेष व्यवस्था में घटती है। एक विशेष संविधान में उसका होना है। वह समग्र को देखना भी है।

यह माध्यम अपनी अवस्थाओं की स्मृति को खोते हुए परिष्कृत नहीं होता। यह अवस्थाओं की स्मृतियों को सहेजते हुए खड़ा है। यूँ कह सकते हैं कि तैल–रंग चित्र का एक अवस्था के बाद अन्त है तो वहीं जल–रंग अनेकान्त पर खड़ा है। जल–रंग का होना यानी अनेकान्त। मानो उसका गत्वरण विरायण।

चित्र की बढ़त अपने निशान छोड़ते चलती है जो जल–रंग में छिपते नहीं। निमिष–स्थाप में जल–रंग का माहात्म्य है।

जल–रंग का दर्शन पारदर्शिता है।

दोआब

रंग (आ)लोक

छत्तीसगढ़ की कुटुम्बसर गुफ़ा में ऐसी मछली पाई जाती है, जिनकी आँखें जन्मतः नहीं होती। वे *अंधी मछली* के नाम से जानी जाती हैं। उनके निरालोक में सूर्य का प्रकाश कभी पहुँचता नहीं। वे अपना पूरा जीवन अलौकिक अँधेरे में जीती हैं।

अन्तश्चक्षु रहस्य है।

वहाँ जाना चाहता हूँ जहाँ की स्मृति नहीं।

गर्भ में अँधेरा है, प्रकाशानुभव जन्मोपरान्त है। अँधकार और प्रकाश के मध्य रंगावस्थाएँ हैं और रंगाभास भिन्न–भिन्न भाँति से आँखों के सामने। (अ)चक्षु रहस्य है।

काले और सफ़ेद के बीच। वर्णालय आलोक में है। रंग–साक्षात्कार से।

गोया कुटुम्बसर गुफ़ा में।

क्या कैनवस पर रंग एक अलंकार है?

यह तो अभी भी रंग है, आलोक नहीं हुआ। (बोनार्ट)

अनलंकार रंग : आलोक।

रंग क्या है?

मेरे लिए लाल, पीला, नीला आदि या उनकी रंगतों अथवा रंग–युतियों का कुछ महत्त्व नहीं। मैं रंग को उसकी पूर्णता/स्वयंता से देखना चाहता हूँ। जोसेफ बॉयस् का उदाहरण लें। उनके एक चित्र में लाल रंगतें हैं : लाल–बाहुल्य की चित्र–भाषा क्या हो? शिल्प कैसा हो? एक रंग की रंगतों का सिलसिला तक अनन्तिम है। जबकि रंग स्वयं में एक

अवस्था है। रंग (स्वयं) होना विशेष है––रंग–संज्ञा से देखना प्रवर्ग–प्रमादी समान है। दूसरे शब्दों में, मेरे लिए लाल नहीं, रंग की पूर्णता/स्वयंता संकेन्द्रस है। *लाल* को व्यक्ति–विशेष कह सकते हैं, *रंग* को मनुष्य। व्यक्ति नहीं, विराट।

रंग व्यापी है।

मैं देखता हूँ : स्वप्न में रंग।

स्वप्न को संस्मृत करने में विशेष रंग नहीं दीखता : यह रंग–स्वप्न है, रंग–प्रवर्ग नहीं। स्मृति में रंग–प्रवर्ग का प्रभेद स्वप्न में आकर ख़त्म हो जाता है।

अँधेरे में रंगों में वैमनस्य नहीं होता (फ्रांसिस बेकन)

प्रकाश से रंगों का साकार है। सारा रंग–आखेट अँधकार और प्रकाश के बीच घट रहा उपक्रम है––जिनसे मैं अपने ढंग से चित्रों में गुज़रता हूँ। कभी उपक्रम में लाल प्रमुख हो सकता है, कभी हरा। कभी नीला, कभी पीला। अन्ततः चित्रों में अँधकार से प्रकाश की ओर घटना है अथवा प्रकाश से अँधकार की ओर : रंग दोनों के दरमियान दोलायमान है। जैसे लाल––वह एक तरफ़ कत्थई होते हुए काले में विलीन है, दूसरी ओर पीला होता हुआ सफ़ेद में लीन।

अँधेरे में निहित हैं सारे रंग, विसर्जनावस्था में।

प्रकृति के प्रस्ताव में स्थूल/दृश्य और सूक्ष्म/अदृश्य दोनों हैं।

रूपान्तरकारी शैल दबाव के कारण बनती है; यह दबाव पृथ्वी के अन्दर की परतों का है। वहाँ अँधेरापन है। सूक्ष्मदर्शी में इस शैल की तफ़सील देखने से पता चलता है कि उनके कुछ रंग अँधेरे में ही प्रकाशित होते हैं। इन्हें विज्ञान ने रेडियम से अभिहित किया है। वे प्रकाश में बुझ जाते हैं; अँधेरे के बग़ैर दृश्य में नहीं आते।

यह प्रकृति का अमूर्त है। मेरे लिए प्रीतिकर है।

क्या मेरा देखना प्रकाश के होने से है?

संगमरमर को लें। यह देखने में सफ़ेद प्रतीत होता है, पर है अन्तस् में कृष्णवर्णी। या 'मैलाकाइट' खनिज लें। इसकी प्रतीति हरी है, लेकिन अपने नाभिक में यह लाल है। स्थूल और सूक्ष्म से एक क़िस्म का भ्रम उत्पन्न होता है। मुझे इस भ्रम साक्षात्कार में रस आता है। प्रकृति में यह छलना रंग भेद को गहराती है। प्रकृति के सूक्ष्म में रंगों से घिरा एक जटिल संयोजन है। रंग जिस तरह से व्यवस्थित हैं और ऐन्द्रिक चाक्षुष स्तर पर जिस तरह से प्रतीत होते हैं, उनमें गहरी विभावना है। जबकि रंग प्रकाश में उजागर हैं।

क्या निरालोक में रंग–छलना नहीं है?

प्रकाश और अँधकार अगर दो स्वतन्त्र स्त्रोतों के रूप में हैं तब "देखना" स्व–स्त्रोत है। देखना मुझे आविष्कृत भी करता है। असल में प्रकाश और अँधकार दो अलग अवस्थाएँ/सत्ताएँ नहीं हैं और न ही देखना तीसरी अवस्था/सत्ता है। तीनों साथ–साथ हैं : अन्तर्सम्बन्धित। परस्पर गुंफित।

जबकि मोमबत्ती जलते ही विकल्प प्रकट है।

मान लें कि दृश्य में एक फूलों लदा पौधा है। मैं पौधे के तने पर संकेन्द्रस हूँ और प्रकाश में फूलों के रंग सहित अँधेरे में फैल रही उसकी जड़ों को भी देख रहा हूँ। अब पौधे का तना यूँ है मानो वह पूरे दृश्य की त्वचा हो। विकार छँटता जा रहा है। क्रमशः मैं पौधे की अमूर्त नाभिक संरचना पर एकाग्र हूँ। मुझे पौधा–स्मृति गुंफित रखती है। अन्तस् निर्बन्ध करता है, अन्तर प्रकट होता है। एक समय आता है जब बढ़त है, लेकिन स्मृति नहीं। यह निर्बन्ध बढ़त क्या है? क्या यह कर्तृत्व का गिर जाना नहीं है?

सौन्दर्यानुभव में स्मृति के लिए कोई जगह नहीं है। (गायतोण्डे)

देखना अनन्त है, व्यक्ति का है। आलोक ओर पहला क़दम है। यह प्रमाद से नहीं, अभंग से है : यही कलारम्भ है——

निरापद।

यहाँ आलोक से मुराद अध्यात्म है : रंगाध्यात्म। क्या यह वही आलोक नहीं जिसमें एक कलाकार अपनी ही कृति के सामने अवाक् है? जन्मार्जित में स्मृति है। चित्र तक आते जन्मार्जित विसर्जित हो सकता है, विदेह प्रकट हो सकता है।

अपनी कैनवस को पाने की सम्भावना है।

प्राकृतिक या कृत्रिम प्रकाश——जिसका स्त्रोत स्वयं से बाहर है——के बरक्स ऐसे आलोक की सम्भावना है जिसका स्त्रोत बाहर नहीं स्व में है। क्या यही कलाकार की आत्म–जागृति नहीं है, उसकी चेतना? अन्यथा प्रकाश छलना रच सकता है——बाह्य मायनों पर टिकने के लिए न केवल प्रेरित कर सकता है, बल्कि इर्द–गिर्द ऐसे तमाम तर्क गढ़ सकता है कि सीधे दृश्य–प्रेरणा से हट ही न सकें। तर्क, रंग और रूप के व्याख्यान पर ही ठिठक जाता है, लेकिन चित्र तितीर्षा की प्रस्तावना है। देखना, चित्र की अव्यक्त अवस्था तक आना है। बुद्धि चुप हो जाती है।

व्यक्त में तक्र है, सूक्ष्म में अव्यक्त। मेरे लिए अव्यक्त में आना अपनी प्रार्थना पाना है। सूक्ष्म में सत्त्व है, तर्क में तत्त्व नहीं।

असल बात कलाकार के स्वस्त्रोत हैं—देखना एक अवस्था है।
कला(कार) के लिए देखना और स्मृति, रेल की पटरी समान समानान्तर प्रतीति हो सकती हैं। दोनों के मिलान को पकड़ने जाएँगे, तो वह फिर से उतने ही आगे है। मिलान मरीचिका का भाव देता है जहाँ स्मृति देखने को सम्पुष्ट कर रही है।

मरीचिका रंगावरण (वि)रति है।

चित्रानुभूति अवस्था है।

चर्या

मेरे लिए एक चित्र का पूरा होना अलग मायने रखता है।

अपने नाना की अनुश्रुति से शुरू करूँ। वे कहते थे कि तीर्थ जाना चाहिए और तीर्थाटन से लौटते समय वहीं पास की किसी नदी, पोखर या कुँए का पानी अपने साथ ज़रूर ले आना चाहिए। मुझे समझ में नहीं आता था कि इस मिथक का क्या अर्थ है? इतना ही नहीं उनका यह भी कहना रहता था कि अगले तीर्थ जाते समय पिछले तीर्थों के संकलित पानी को नये तीर्थ स्थान की किसी नदी, पोखर या कुँए में मिश्रित कर

देना चाहिए। उनका कहना था कि ऐसा करना धर्मिष्ठ है; यह बिछड़े हुए स्त्रोतों को मिलाना है। यह विग्रह उद्भव का समास है।

कुछ समय पहले जापान जाना हुआ। जापान में एक साथी कलाकार ने वहाँ की एक लोककथा सुनायी। वहाँ भी नदियों के पानी को आपस में मिलाने की मान्यता है। मेरे लिए यह एक अजीब–से विस्मय में भेजने वाली कथा थी। जापानी लोक–कथा के सहारे मैं अपने नाना की दी हुई सीख तक पहुँच रहा था।

यात्राओं के बीच में मुझे उस पानी को सहेजना होता। जैसे अपने ही किसी तत्त्व को सँभाल रहा होऊँ। पात्र या उसमें भरा पानी मेरे लिए विगत यात्रा का स्मृति–सूचक होता और आगामी यात्रा का संकेत भी। मैं उस पानी को बड़े जतन से सँभाले रखता।

बाद वाले दिनों में फेर हुआ। मिथक का मन्तव्य समझा। अब मेरे लिए यह पानी उद्भव भ्रमण का पर्याय हो गया। जहाँ भी जाता पानी साथ ले जाता, पानी साथ ले आता।

यूँ जल–तत्त्व से सम्बन्ध बना। आज मेरे पास न जाने कितनी नदियों और लगभग सारे महासागरों का पानी है।

यह पानी मेरी सरस यात्राओं का रूपक है। यह पानी संग्रह मेरी अमूर्त और अनमोल अमानत है।

अब कुछ मित्र भी मेरे इस *पानीकरण* के बारे में जानते हैं। वे कहीं जाते हैं तो मेरे लिए पानी लाना नहीं भूलते। जैसे अपनी यात्रा में मुझे भी अपने साथ ले जा रहे हों।

भारतीय संस्कारों में संकल्प व प्रायश्चित पानी के समक्ष ही लेते हैं। अपनी अंजुलि में पानी भरकर। यह बड़ा अजीब–सा सम्बन्ध है।

पानी एक इन्द्रिय तत्त्व है। इस तत्त्व का संग्रह करना मुझे भाता है।

सुना है कि बारम्बार जन्म–मृत्यु के चक्र में पानी एक निमित्त है। हो सकता है कि अपनी अन्तिम साँस से ऐन पहले ऐसा मौक़ा मिल जाय कि इन सारे संग्रहित पानियों को मिला कर पी सकूँ और यूँ कम से कम एक निमित्त से मुक्त हो जाऊँ।

मैं मुंतज़िर हूँ।

पानी का आपस में सम्मिश्रण ऐसे है जैसे एक नदी में दूसरी नदी को स्थापित करना, जैसे एक सागर में दूसरे सागर को मिला देना। मेरे पास संग्रहित पानी मानो 'गागर में सागर' का एक रूप है।

मेरे लिए अब हर यात्रा विग्रह–उद्भव भ्रमण है। मैं वहाँ पानी अंश अपने साथ ले जाता हूँ। जहाँ भी सुअवसर मिलता है वहाँ पानी तिरोहित कर नया पानी ले आता हूँ।

यह उपक्रम कुछ चित्र जैसा है।

मैं एक साथ कई चित्रों पर काम करता हूँ। यह एक साथ कई यात्राओं पर निकलने जैसा है। एक चित्र पर काम किया। ठिठक गया। उसका सत्त्व ले अगले चित्र पर यूँ आ जाता हूँ मानो उस यात्रा का पानी अपने साथ ले आया हूँ। ऐसे नये चित्र में आना बीते तत्त्व का मेल है और उस भाव का विसर्जन भी।

एक कैनवस से दूसरी कैनवस तक, दूसरी से तीसरी कैनवस तक आना, अपने उस तत्त्व को साथ लेते चलना है। एक को दूसरी में निहित

करना। दूसरी को तीसरी में तिरोहित करना। तीसरी को चौथी में समर्पित करना। चौथी से पहली कैनवस पर फिर से लौटना जैसे उसमें कुछ और तिरोहित कर देना है। मानो हरेक कैनवस में उस सत्त्व का आपस में सम्मिश्रण होता चल रहा हो। यही चित्र का विग्रह उद्‌भव भी है, समास का प्रस्थापन भी।

शायद इसी समास के चलते मैं इस सरस यात्रा में नये रूप व अर्थ पाता चलता हूँ।

मानो चित्र तत्त्वचर्या हो।

मेरे लिए चित्रान्त निष्कर्ष पर नहीं खड़ा है। यह परिष्कार है। यह चित्र के ख़त्म होने का संकेत नहीं बल्कि उसमें तत्काल ही अगली यात्रा का प्रस्तुत भाव है। यह भाव व संकल्प ज़्यादा प्रबल हो उठता है। पानी साक्ष्य है, अंजुलि पात्र।

मेरे लिए यह एक चित्र–अवस्था है।

चर्या

ख़ामोशी

कभी सुनी एक कहानी याद आती है।

प्रियम्वदा और देवव्रत में प्रेम हुआ। प्रियम्वदा ने देवव्रत से पूछा––''तुम मेरे लिए क्या कर सकते हो?'' वह बोला––''जो तुम कहोगी।'' प्रियम्वदा ने कहा––''विचार करो"। एक दिन देवव्रत संसार भर की बेशक़ीमती वस्तुएँ प्रियम्वदा के लिए उपहार स्वरूप ले आया। प्रियम्वदा अपने कक्ष में प्रतीक्षारत है। देवव्रत ने दरवाज़ा

खटखटाया। प्रियम्वदा––''कौन?'' देवव्रत––''मैं।'' प्रियम्वदा ने दरवाज़ा खोला। देवव्रत––''देखो, मैं तुम्हारे लिए बेशक़ीमती वस्तुएँ ले आया हूँ––एक से बढ़कर एक।'' प्रियम्वदा बोली––''नहीं। मेरे लिए इनका महत्त्व नहीं।''

देवव्रत फिर गया। भटका। विचार किया। पूरी सृष्टि में टटोला। अपने हाथों में कुछ ग्रह ले आया। प्रियम्वदा के पास पहुँचा। प्रियम्वदा उसी के इन्तज़ार में अपने कक्ष में बैठी है। देवव्रत ने दरवाज़ा खटखटाया। प्रियम्वदा ने पूछा––''कौन?'' देवव्रत––''मैं।'' प्रियम्वदा द्वार खोलती है––''नहीं। यह भी नहीं।''

हताश देवव्रत। विचरता है। लेकिन रहस्य बरकरार। समय बीतता है। प्रियम्वदा इन्तज़ार में है। एक दिन दरवाज़े पर वही दस्तक होती है। प्रियम्वदा––''कौन?'' कोई आवाज़ नहीं। फिर पूछती है––''कौन?''

देवव्रत––''तुम।''

मैं चित्र के सम्मुख खड़ा हूँ।

अन(ा)ध्याय

अन(ा)ध्याय के आवरण

मनीष पुष्कले के चित्र

सैयद हैदर रज़ा

वार्तालेख : पीयूष दईया

युवतर पीढ़ी में मनीष पुष्कले एक महत्त्वपूर्ण अमूर्त चित्रकार हैं। यह कहना अधिक श्रेयस्कर लगता है कि उनके चित्र रूप–अध्यात्म की अभिव्यक्ति व दिशा है। रूप आध्यात्मिक है। हम अमूर्त कला के लिए गढ़ी गयी यूरोपीय धारणाओं और पदावलियों का सहारा क्यों लें? *रूप–अध्यात्म* एक मौज़ूं पद है। इस दिशा में संसार के कला–मानचित्र पर भारत से मनीष का चित्र–कर्म एक महत्त्वपूर्ण व केन्द्रीय उदाहरण है। आने वाले दिनों में उनका काम एक विलक्षण रीति से अर्थवान् माना जाएगा।

समकालीन भारतीय चित्रकला में घट रही महत्त्वपूर्ण चीज़ों के लिए मुझे निजी तौर पर यह महसूस होता है कि उन्हें भारतीय संज्ञाएँ दी जानी चाहिए। संस्कृत व लोक भाषाओं/बोलियों की समृद्ध व विराट परम्परा व आचरण से मदद ली जा सकती है। हमें अपनी अभिव्यक्ति को

भारतीय शब्दावली से दीक्षित–संस्कारित करना चाहिए, ताकि देखते न देखते वे संसार में न केवल मानक महत्ता हासिल कर लें बल्कि सभी की ज़ुबान पर चढ़ सके। अपनी भाषा में ऐसे नाम दे सकने चाहिए जो संसार में फैल सके।

मैं सालों से गहरे ध्यान व गम्भीरता से मनीष के चित्र देखता रहा हूँ। यह खयाल कर प्रीतिकर विस्मय होता है कि आज से दस साल पहले––सन् दो हज़ार में––मैंने सब से पहले मनीष के चित्र को अपने लिए चुन लिया था। ख़ुशी होती है कि मनीष के चित्र सारे संसार में बताये जा रहे हैं। (उनके चित्रों को) देखने में अद्वैत घटता है; आँख में सजीव उदात्तता दीप्त होती है। यह भाव–रूप आध्यात्मिक है। वहाँ चाक्षुष प्रकटन में कोई मानवाकार या भौतिक भूदृश्य नहीं हो कर समष्टि–मात्र स्पन्दित है। उनके चित्रों को आध्यात्मिक रूपों का चरिता. र्थन कहा जा सकता है। हो सकता है आगे जा कर कोई दूसरा पर्याप्त नाम दिया जा सके। उनके चित्र कला–आलोचकों के सम्मुख कठिन चुनौती है, हालांकि वे सीधे हृदय से संवाद करते चित्र हैं।

हम पहले के भारतीय चित्रों में झाँक कर देखें, पारम्परिक व शास्त्रीय चित्र–शैलियों व कला–रूपों में। वहाँ इन्हीं कला–रूपों की उत्कृष्टता व

व्याख्यान के सहकार में उच्चकोटि की कला–भाषा हमारे पास रही है। इस कला–लेखन–भाषा ने संस्कृत व अन्यान्य भारतीय भाषाओं से अपने प्राण ग्रहण किये हैं। जब पश्चिम में अमूर्तन की बात की जाती है तब उनके लिए यह बहुत कठिन होता है कि वे अपने अतीत के साथ इसके सम्बन्ध को कैसे कायम कर सकें। भारतीय चित्रकला के साथ ऐसा मसला नहीं है : मनीष के चित्रों में अपनी जड़ों के साथ अनूठा साझा व विस्तार है। वे सांस्कृतिक नैरन्तर्य व सन्दर्भों के जीवन्त संवाद–साक्ष्य हैं। मेरी इच्छा है कि मनीष के समृद्ध चित्रों सहित अन्य महत्त्वपूर्ण चित्रकारों के चित्र–कर्म को बतलाने–समझाने–साझा करने के लिए हमारी अपनी प्रासंगिक व स्वजातीय बाराखड़ी हो। हमारे देश की भाषा में, हमारे चित्र–कर्म, विचारों व संस्कृति के अनुसार, इन को भारतीय शब्दावली दे सकने में सक्षम होना चाहिए। धीरे धीरे लोगों को मालूम हो सकेगा। सभी समझ सकेंगे। उनके चित्रों के साथ भारतीय कला लेखन के पद/शब्दावली भी सारी दुनिया में पहुँच सकेंगे। लोगों की ज़बान व चलन में आ सकेंगे। यह ज़रूरी है।

मनीष के चित्रों में रंग और रूप के आपसी रहस्यात्मक रिश्ते हैं। उनके चित्रों में रंगों का एक दूसरे के साथ सुन्दर सम्बन्ध है। बाहरी दिखावट/अलंकरण से परे एक प्रकार की कल्पना व स्वप्न है। और यही सौन्दर्य है, एक विलक्षण बिन्दु। भला ऐसा क्यों न हो सके कि

कल्पना उस स्वप्न–कल्पना तक जा सके जहाँ पर एक खास व्यक्ति न हो कर संसार का सौन्दर्य साकार हो उठे : इस सन्दर्भ में मनीष के चित्र अप्रतिम हैं। उनके चित्रों में बहुत से ऐसे आकार आते हैं जो बिलकुल सरल हैं। ऐसे सरल आकार जिनका इस संसार से सम्बन्ध है, इस संसार के आकारों से सम्बन्ध है। उनके चित्रों में संगीत के समान सौन्दर्य मानना ही चाहिए क्योंकि वह है। मनीष के कामों में यह एक नयी दिशा है, जिस ओर भारतीय कला जा रही है। हम को भारत में और सारे संसार में भी मानना पड़ेगा कि उन के चित्रों में एक बहुत सुन्दर दृष्टिकोण है।

मनीष के चित्रों को समझाना बहुत कठिन है, खास तौर से मुझ जैसे चित्रकार के लिए। भारत में यह एक महत्त्वपूर्ण कार्य हो रहा है। एक उर्वर उपस्थिति व सम्पूर्ण परिस्थिति है। इसे आगे बढ़ाया जाना चाहिए। चित्रों के बारे में लिखना, समझाना चाहिए। कभी–कभार चित्रकार दिशा बता सकते हैं, नाम बता सकते हैं। मैंने युवा चित्रकारों पर अपनी अनुभूति के विवरण रखे हैं, मगर लेखक–आलोचक या भाषा को जानने वाले ही उसे अधिक गहराई, सरलता व गम्भीरता से समझा–बतला सकते हैं।

एक दिशा में काम कर रहे चित्रकारों की दशाएँ भी अलग अलग हैं, लेकिन मनीष पुष्कले का प्रस्थान बिलकुल अलग ढंग से सामने आता है। उनके चित्रों में बहुत ही गहरा सौन्दर्य देखा जा सकता है। उनके काम अन्यों से भिन्न हैं। एक तरह से देखें तो उनके चित्र *रूप–अध्यात्म* से आलोकित हैं। वे इस दिशा में स्वयं को बरत रहे हैं। मनीष ने अपनी चित्र–भाषा आविष्कृत की है। यह एक ऐसी दिशा है जहाँ पर बहुत से रूप पैदा हो रहे हैं, मिल रहे हैं। उनके चित्रों में आकृतिमूलकता नहीं है। इसलिए उसको क्या नाम दिया जा सकता है की समस्या सामने आती है; क्या कहे समझ में नहीं आता। मनीष के चित्रों पर किस तरह से बातचीत की जाय या कैसे कहा जाय या किस तरह से उनके चित्रों को समझाया जा सकता है? यह बहुत ही कठिन है। बहुत से गायक हैं। मगर किसी एक गायक के गले से फूटता गीत बहुत ही सुन्दर आवाज़ से आध्यात्मिक रूप ले सकता है। मज़ा आता है। ऐसे ही मनीष के चित्र हैं।

मैंने अपने चित्रों से आकृतिमूलक चीज़ों को बहुत पहले अलग कर दिया था। मेरे चित्र बिलकुल अमूर्त हैं। औरत, मर्द, पक्षी या जिसे चाक्षुष यथार्थ कहते हैं, जैसा कुछ दिखायी नहीं देता : रंगों और रेखाओं की श्रेष्ठता ढूँढनी होती है। कुछ चित्र अच्छे बन गये हैं। पसन्द किये जा रहे हैं। अब इससे भिन्न मनीष एक नयी चीज़ ढूँढ रहे हैं। मुझे पूरा

विश्वास है कि भविष्य में उनका काम पूरी दुनिया में माना जाएगा।

मनीष ने बहुत कम समय में पुख़्तगी हासिल की है; एक तरह की नयी चित्रात्मकता रची है। वे एक तरह के तप व साधना में निरन्तर संलग्न हैं। उनकी कई चित्र श्रृंखलाएँ सामने आईं हैं जिनमें चित्रात्मक अवकाश की संवेदना व चरित्र बिलकुल भिन्न है। मेरे खयाल से वे अब उस सबसे और आगे जा रहे हैं जो कुछ उन्होंने अब तक किया है। मैं उनके हाल के, पिछले महीनों और पिछले साल के तमाम काम देख रहा हूँ। वे इस तरह आगे जा रहे हैं कि अन्त नहीं है। यह एक खोज है जिसे उन्हें स्वयं आगे बढ़ाते रहना है। ऐसा बिलकुल हो सकता है कि वे एक सफ़ेद कैनवास तक आ सके। और सफ़ेद कैनवास से फिर कुछ आकार निकले। मेरी नज़र में प्रतीकात्मक रूप में सफ़ेद आख़िरी रंग है। इस ओर एक अजीब, अनजाना रूप बढ़ रहा है। आज कुछ कहना बहुत मुश्किल है क्योंकि मालूम नहीं वे कल क्या करते हैं। यह अच्छी बात है। मनीष के चित्रों में ऐसी नयी चीज़ें हो रही हैं जो अब तक किसी ने नहीं की है। न स्वयं मनीष के द्वारा न किसी और के द्वारा। न यूरोप में न भारत में। ऐसे बिलकुल ऐसे मनीष की एक नयी चित्र–सृष्टि बन रही है। दृष्टि, अनजानी यात्रा में है। उनके अन–जाने चित्र को देख कर खुद आश्चर्य होता है कि ये कैसे हुआ होगा। यह मेरे लिए बड़ी ख़ुशी की बात है। नयी चीज़ों का एक रूप वे अपने चित्रों के माध्यम से हमें

बता रहे हैं।

दरअसल, एक सहृदय रसिक के लिए भी मुश्किल है *देखना*। यक़ीन मानिए एक ऐसा पागलपन है, एक ऐसी स्थिति है जहाँ पर चित्रकार को स्वयं मालूम नहीं होता––जब वह अपने स्टूडियो में काम कर रहा है––कि वह क्या करेगा। जहाँ पर किसी परिस्थिति में कुछ ऐसा बन जाय जो कि नहीं किया जा सकता या जो इससे पहले नहीं हुआ या किया गया। भला कौन चित्रकार समझ सकता है कि कल क्या होगा।

दूसरे शब्दों में, अ–ज्ञेय के साथ, अज्ञात के साथ मनीष का सूक्ष्म सम्बन्ध जगता है। मैं आनन्दविभोर हो उठता हूँ। ऐसे चित्र देख रहा हूँ जिस प्रकार से चित्र कभी बनाए नहीं गये। कितना सुन्दर है कि इनका अस्तित्त्व है। जब चित्र बन जाते हैं तभी मालूम होता है कि ये ऐसे हैं। सौन्दर्य इसी बात में है। ये चित्र दूसरों ने नहीं बनाये। मनीष पहला चित्रकार है जो ऐसे चित्र बना रहा है। कितनी सुन्दर बात है। चित्रकार को भी मालूम नहीं होता कि कौन सा चित्र वह कैसे बनाएगा। देवकृपा है। मुझे ईश्वर में बहुत विश्वास है। देवकृपा है कि कुछ ऐसा ज्ञान हो जिसका कुछ भी ज्ञान नहीं था। यह मनीष के साथ कितनी सुन्दर बात है। देवकृपा है।

युवा चित्रकारों को यह बात मालूम होनी चाहिए कि पुरानी बातों में भी ऐसे सौन्दर्य हैं जो आज भी सचाई न लगे। उन पुरानी बातों की ओर जाना पड़ेगा। हाँ, नयी चीज़ें देखनी हैं, पुराने ज्ञान ही काफ़ी नहीं है। नयी चीज़ों को अपनी स्वतन्त्रता से, सम्पूर्णता से देखना है। पुरानी बातों को भूलना नहीं है, उनके साथ ही मालूम हो सकता है कि ये चीज़ें पहले भी थीं : किसी दूसरे रूप में, जिन्हें आज नया रूप दिया जा रहा है। मनीष ऐसे ही स्त्रोत–दीप्त कर्म में संलग्न है। उनके चित्र कलाओं के अन्तस्सम्बन्ध से प्रेरित, संचरित हैं। उनके चित्र–संसार में ध्रुपद सुना जा सकता है। यह कठिन साधना है। मनीष के चित्रों का राग से गहरा तारतम्य है।

मेरे खयाल से भारतीय संगीत व रागों का आधुनिक भारतीय कला से गहरा सम्बन्ध है। भारतीय संगीत का भी हमें ज्ञान होना चाहिए, उसे भूलना नहीं है। *रूप–अध्यात्म* से आलोकित चित्रों में संगीत स्वतः ही व्याप्त है। चित्र देखे जाते हैं, संगीत सुना जाता है। यही सब से बड़ा फ़र्क़ है। दोनों में बहुत सी बातें एक सी भी हैं। चित्रकला और संगीत का एक दूसरे से सम्बन्ध बिलकुल सच है। हमारे समय में लोग सुनना भूलते जा रहे हैं, देखना भी। हमें सुनना चाहिए, देखना चाहिए, समझना चाहिए। यह जानना चाहिए कि कौन सा संगीत अच्छा है, कौन से चित्र अच्छे हैं और कौन से चित्रों में कौन से रूप ले रहे हैं और किस तरह के भाव संचरित हो रहे हैं। आध्यात्मिक चित्रकला में बहुत से चित्र ऐसे

हैं जो बेकार हैं। यह समझना ज़रूरी है कि कौन से चित्र अच्छे हैं, कौन से ख़राब। मनीष के चित्रों को देखें। उनमें रंग, रेखा, आकार के परस्पर सम्बन्ध ऐसे हैं जिन्हें देखने से हर्ष होता है : रसानुभूति होती है। लेखकों को इस बारे में और लिखना चाहिए। चित्रकार चित्र बनाता है। शब्दों में चित्र के बारे में कहना कठिन है। मैं हमेशा यही कहता रहा हूँ : मैं न बोलूँ, चित्र बोले। चित्र बोले, चित्रकार न बोले। चित्रकार चित्रों में स्वयं छिपा–प्रकट है। जैसे मनीष अपने चित्रों में।

मनीष के चित्रों के विभिन्न दौर कई तरह के भावों से संचालित हैं। उनके चित्र मौन का काव्यशास्त्र है। उनके चित्रों को देख कर थकान नहीं होती, आनन्द बढ़ता ही जाता है। आकारों का, रंगों का, रेखाओं का एक दूसरे से हार्दिक सम्बन्ध है, प्रेम–मिलन है। वे झगड़ते नहीं, प्रेम से मिलते हैं। रंग और रेखाओं की सम्पूर्णता इस प्रकार की है कि एक नया सन्दर्भ हमारी आँखों के सामने प्रस्तुत होता है। यह जो है उसको देखना ही चाहिए : मनीष के चित्रों को। जो कह दिया वह कहा जा सकता है। उसके बाद बिलकुल ख़ामोश हो कर चित्र देखना चाहिए। मनीष के चित्रों को देखते हुए मौन महत्त्वपूर्ण लगता है। चित्र देखे जाते हैं, चित्र बोलते नहीं। लेखक कोशिश करता है कि चित्र बोलें, चित्रकार कोशिश करता है कि चित्र देखें जाय। बिलकुल शान्त रह कर। चुप रह कर। श्श्श...।

और उसी मौन अवस्था में सम्पूर्ण आनन्द मिल सकता है। बुद्धि बहुत दूर नहीं ले जा सकती। मनीष के चित्र हृदय और बुद्धि का संयोग हैं। उनके चित्र उजागर होते हैं, मौन में।

मनुष्य की सारी सम्भावनाओं से, सारी शक्तियों से ऐसा होता है कि कभी कभी कोई एक चित्रकार सामने आता है। चित्र बनते जाते हैं। इन चित्रों को देखा जा सकता है, उन पर बोलना बहुत कठिन है। हाँ, कुछ कहा जा सकता है ताकि ऐसा हो कि दूसरे भी मौन धारण कर उन्हें देखें। मनीष के चित्रों को। बोले ना, देखें।

एक स्त्री से अगर आप सचमुच कह दें कि आप साफ़ अनुभव कर रहे हैं कि आपको उससे प्रेम है तब एक बार ही कहिए, पचास बार कहने की ज़रूरत नहीं। फ्रांस में एक बड़ा मशहूर गाना है। पुरुष स्त्री से कई बार कहता है कि मुझे तुमसे प्रेम है। आख़िर में थक कर स्त्री जवाब देती है––हाँ, सच है, मुझे भी तुमसे प्रेम नहीं है।

दरअसल, कला में शब्दों से बोलना उस पुरुष की तरह बोलना भी हो जा सकता है। प्रेम–अनुभव में एक बार बोलना पर्याप्त है।

हाँ, ये अनुभव ऐसे हैं जिनके बारे में बाद में उस समय बोला जा सकता

है जब स्त्री अलग हो जाती है या चित्र से अलग हो जाते हैं। तब बात कर सकते हैं। शब्द में आना एक तरह से निःशब्द अनुभव तक ले जा सकता है। अनुभव रोका नहीं जा सकता। मन्दिर में मन्दिर है। घर में भी मन्दिर है। चाहे मन्दिर में पूजा करे या घर में, एक परिस्थिति अनिवार्य है——शान्ति। जब प्रार्थना कर रहे हैं तब भीतर हल्ला–गुल्ला नहीं होना चाहिए। अपनी सारी शक्तियों को ईश्वर की ओर केन्द्रित कर एकाग्र भाव से प्रार्थना होती है, योग होता है। इसे महत्त्व देना चाहिए। एक चित्र को देखते समय भी यही बात लागू होती है। मैं फिर लौटता हूँ, मनीष पुष्कले के चित्रों की ओर। उनके चित्र तभी एकाग्रता से, सम्पूर्णता से देखे जा सकते हैं, उनका अनुभव किया जा सकता है जब उन्हें निःशब्द देखें। शान्त रहना उनके चित्रों को देखने के लिए अनिवार्य है। हाँ, चित्र देख कर, चित्र का आनन्द लेकर। बात कर सकते हैं।

पिछले हफ़्ते एक बहुत ही होशियार महिला जर्मनी से आई। कला के बारे में और भारतीय चित्रकला के बारे में बात की। उन्होंने एक भी चित्रकार का नाम नहीं लिया। एक भी चित्रकार के बारे में कुछ कहा नहीं। मालूम नहीं उन्होंने कौन से चित्र देखे थे। मालूम नहीं कि वे कभी चित्रकारों के स्टूडियो गईं या नहीं। चित्र किसी कला वीथिका या संग्रहालय में देखे या नहीं। भारतीय चित्रकारों के बारे में बात करते करते उन्होंने एक भी चित्रकार का नाम नहीं लिया : न अमृता शेर–गिल

का न जामिनी राय या हुसैन या सूज़ा का। न कृष्ण खन्ना के बारे में बोला न रामकुमार को लेकर कोई बात की। एक व्याख्यान के बाद जब प्रश्न पूछे जा रहे थे तब मैंने उनसे कहा कि आप बुद्धिमान लोग चित्रों को देखते नहीं हैं जबकि अब चित्र संचार माध्यमों के जरिये, इण्टरनेट व अखबार के जरिये सुलभ हैं। आप चित्रों को स्वयं क्यों नहीं देखते? देखने पर ही तो मालूम होगा कि वान गॉग था। और उसका भाई थियो भी।

आज नयी पीढ़ी शुरू हुई है। मनीष पुष्कले जैसे चित्रकार हैं। जब वे हैं तभी मैं देख कर कहता हूँ कि वे अच्छे चित्रकार हैं। जब मैं कहता हूँ यह है वह *चित्रकार* तब मैं शब्दों में कुछ नहीं कहता। मैं इतना भर कहता हूँ कि उनके चित्र महत्त्वपूर्ण हैं। देखने वाले को ख़ुद जानना चाहिए कि रज़ा ठीक कह रहा है या नहीं। जिस भी समय मैंने यह कहा है कि ये *चित्रकार* है, तब सालों तक चित्रों को देख–समझ–आनन्द लेकर कहा है। और वह चित्रकार बहुत ही प्रसिद्ध हो जाता है। संसार में माना जाने लगता है। मनीष को दस पन्द्रह साल से देख रहा हूँ। उनके कामों में इतनी ताक़त है कि सालों साल देखते रहिए।

कला के बारे में बौद्धिक विमर्श करते समय यह अनदेखा नहीं किया जाना चाहिए कि आज कला क्या आधुनिक रूप ले रही है और ये आधुनिक रूप क्यों? संसार एक छोटा सा गाँव बन गया है। हम भारत से पेरिस कुछ घण्टे में जा सकते हैं। पेरिस से न्यूयॉर्क हवाई जहाज से छः घण्टे में पहुँच जाते हैं। अमेरिका में यह मालूम है कि फ्रांस या भारत में क्या हो रहा है। जापान, चीन या अन्य देशों में यह मालूम है कि आधुनिक संसार में क्या चित्रकला बनाई जा रही है। कि किसके यहाँ क्या है।

सत्यमेव जयते हमेशा माना जाता रहेगा। मुझे हमेशा से ही महात्मा गाँधी के प्रति आदर रहा है। उन्होंने ऐसी बातें कही है जो सिर्फ़ विद्वानों को ही नहीं बल्कि आम भारतीय गाँव व शहर के लोगों एवं विदेशी लोगों सहित सब को महत्त्वपूर्ण लगती है। उन्होंने ख़ुद ही कहा है–*सत्यमेव जयते*। और *अहिंसा परमो धर्मः*। देखिए, कितनी चिरन्तन लेकिन नयी बात है। गाँधी–कर्म से एक अलग ही सौन्दर्यशास्त्र जन्म लेता है। यह ऐसी दिशा है जिस ओर किसी ने नहीं देखा, न भारत में न विदेश में। मनीष के चित्रों में गाँधी के सौन्दर्य–दर्शन के बीज–संकेत मिलते हैं। यह ऐसा काम हो रहा है जो अद्वितीय है। मुझे पूरा विश्वास है।

गायतोण्डे मेरी पीढ़ी के चित्रकार थे। उनके चित्रों में वही बात है जो

दूसरे रूप में मनीष के कामों में दिखाई देती है। ज़माना पहले मैं भू–दृश्य चित्रण करता था और हुसैन आकृतिमूलक चित्र बनाते रहे। गायतोण्डे ने बिलकुल अमूर्त चित्र बनाये। उनके चित्र *रूप–अध्यात्म* ही है। यह नया दृष्टिकोण है। नयी खोज है। हममें इच्छा होनी चाहिए कि हम देखें, समझे। गायतोण्डे और मनीष के चित्रों में किसी तरह का सीधा दृश्यात्मक सार्धम्य नहीं है। यह सम्बन्ध अनुभूति के स्तर पर है और बिलकुल ठीक है। वही एक दिशा है जो मनीष ले रहे हैं और उस ओर जा रहे हैं। जो कुछ गायतोण्डे ने किया है उससे बहुत आगे जा कर अपना काम कर रहे हैं। मनीष के काम गायतोण्डे से आगे के काम हैं और बिलकुल मनीष की तरह हैं, गायतोण्डे के कामों की तरह नहीं है। दिशा वही है। गायतोण्डे, गायतोण्डे थे। मनीष, मनीष की तरह स्वयं को बरत रहे हैं। यह कुछ इसी तरह होता है जैसे कि जीवन में एक साधारण बात देखिए : एक माता पिता है और उनका एक बच्चा है। बच्चे का सम्बन्ध माँ–पिता से रहते हुए भी वह दूसरा रूप ले लेता है : कुछ माँ के, कुछ पिता के गुण बच्चे में आ जाते हैं। माँ–पिता का सचमुच सत्त्व उनके बच्चे में है। वह रहता है। वह है ही, उसे मिटाया या बदला नहीं जा सकता। बच्चे के रूप का माँ–पिता के रूप से सम्बन्ध है ना? ऐसे ही गायतोण्डे और मनीष पुष्कले के चित्रों में सम्बन्ध है।

भारतीय संस्कृति में कहा है कि पंच–तत्त्व होते हैं—क्षिति, जल, पावक,

गगन, समीरा। इसी तरह से चित्रों में पाँच रंग होते हैं। काला, नीला, लाल, पीला और सफ़ेद। मेरी समझ में सबसे पहला रंग, जो दूसरे रंगों को जन्म देता है, वह काला है, black is the mother color. सफ़ेद आख़िरी तत्त्व है। यह आख़िरी रंग है जो कि महान है ईश्वर की तरह। काला रंग धरती की तरह है जिससे इन सारे रंगों की पैदाइश होती है। मैंने अपने चित्रों में इन पाँच रंगों से देखा और काम किया है। मेरे सारे चित्र इन पाँच रंगों के संयोग से ही मिलते हैं। ये पाँच रंग संयोग कर सके, मिल सके तभी अच्छे चित्र बन सकते हैं। कला तत्त्वों की पहचान होनी चाहिए। रंगों की पहचान होनी चाहिए। रेखाओं और आकारों की श्रेष्ठता कोई चित्रकार नहीं भूलता। चाहे वह अमूर्त हो या आकृतिमूलक। अन्ततः रंग ही हैं और इनका महत्व हर चित्रकार को मालूम होना चाहिए। काम करते समय उनका संयोग मिलाना और जो ठीक लगता है उसको समझना, यह चित्रकार का काम है।

मेरे विचार से यह सब कुछ देवकृपा से होता है। मान लें सालों काम करने के बाद कुछ ऐसे दिन आते हैं जब काम नहीं बनता। मैं काम करता ही रहता हूँ। एक दिन ऐसा आ जाता है जब चित्र अकस्मात् ही बन जाता है। क्यों? देवकृपा है। सचमुच। यह मेरा ख़ुद का अनुभव है। कभी बहुत ही गम्भीरता, एकाग्रता व ध्यान से काम करता रहता हूँ पर चित्र नहीं बन पाते। एक ऐसा समय आता है जब एक अजीब सी दिव्य

प्रस्तुति बन जाती है। देखना शुरू कर देता हूँ और काम करते हुए चित्र स्वयं ही बन जाते हैं। कब–क्यों–कैसे सोचने का सवाल नहीं है, केवल सम्पूर्णता से चित्रों की ओर एकाग्र होने का सवाल है। यह ध्यान है। मनीष में मैं यह गुण देखता हूँ।

मनीष के कुछ चित्रों में आलोक उजागर है। उनके चित्रों में पंच तत्त्व अपने ढंग से सक्रिय व स्पन्दित है। बिलकुल। कभी वे पंच न हो कर दो या तीन होते हैं और बाक़ी एक छोटे रूप में आ जाते हैं। पंच तत्त्व होते हैं : काला, सफ़ेद, लाल, नीला और पीले का सम्बन्ध मिला कर वे पाँच तत्त्व होते ही हैं और मनीष के चित्रों में अद्‌भुत तरह से प्रकट होते हैं। उनके चित्रों में एकदम नीला या लाल या पीला विशुद्ध स्थिति में दिखायी नहीं देता : वहाँ उदात्त रूपाकार हैं। रंग उनमें बहुत ही कोमल क़िस्म के व अच्छे तरीक़े से आते हैं। उदात्त परिष्कार से। जो वहाँ प्रस्तुत है, उन्हें देखना चाहिए। उनके देखने का तरीक़ा ऐसा ही है। वे उस तरह से देख रहे हैं जिस तरह से कैमरा नहीं देखता। यह कल्पना है, आत्मा की आँख है। देखें, आगे उनको कैसे और कौन से रूप मिलते हैं।

मैं फिर कहता हूँ : चित्रों को शान्ति से, चुप हो कर देखना चाहिए। वही अच्छा है, उसी में समझ बढ़ती है। हाँ, लिखा जाय। बोला जाय, बात हो मगर चित्र बनाते समय या चित्र देखने के समय नहीं। चित्रकार ही चित्र

बनाता है। कला–प्रेमी देखते हैं। कला–प्रेमी जब देखें, तब मौन हों।

मनीष का texture के साथ अपना अलग नाता है। एक बिलकुल भिन्न तरह से। हाँ, यही बात है जो रंग, रेखाओं, आकारों के मिलाप में उभरती है। जिस तरह का असर मनीष के चित्रों के texture पैदा करते हैं, उनमें जप है। राम जाने, यह वे किस तरह से करते हैं! सबकी अपनी तकनीक है।

एक चित्र को देखना और उस चित्र की रचना–प्रक्रिया में झाँकना : दोनों में सम्बन्ध है। एक कला–प्रेमी को चित्र पूरा बन जाने पर ही देखना चाहिए। अगर एक खास तरह से चित्र समझना चाहते हैं तब उसको बनते हुए भी देखें। समझना चाहते हैं तब उस पर बात भी हो सकती है। चित्र देखने के लिए तो चित्र पूरा हो जाय तभी देखना चाहिए। मनीष के चित्रों को दोनों तरह से देखना सार्थक है।

एक युवा को (जैसे मनीष को) काम करते हुए देखना वैसा ही लगता है जैसा भारतीय संगीत को सुनना। स्वर/आवाज़ में vibration आता है, यह चित्रों के रूप से देखा जा सकता है। अनहद नाद। एक नाद है, पूरा।

देखने में स्मृति पीछे ही रह जाती है।

अपनी सम्पूर्ण शक्तियों से देखना चाहिए, पूरी स्पष्टता से। यह अनुभव मेरे लिए सबसे ज़्यादा महत्त्वपूर्ण है। हम देख सके या न देख सके, यह हम पर ही निर्भर है। देखिए, अनुभव कीजिए। यही महत्त्वपूर्ण है। सम्पूर्णता से, बिलकुल स्वतन्त्र हो कर चित्रों को देखिए। नये चित्रकार को देखना और सबसे पहले कहना कि हाँ, यह चित्रकार है। यह बहुत ही सुन्दर बात है। इसका मतलब यह नहीं कि अपने पहले के चित्रों को भूल जाय। पहले का अनुभव सभी के लिए बहुत आवश्यक है, वह ही हमें सिखाता है। इतिहास को भूलना नहीं है मगर आज के चित्रकार के चित्रों को देखना है। वह भविष्य में महत्त्वपूर्ण होगा। पहचान अभी से होनी चाहिए।

देख लीजिए, मनीष के चित्र। फिर से, कई बार।

सम्पूर्णता से।

□